Piccoli
GRANDI
Manuali

i manuali red!
da 30 anni con i genitori

Veronica Arlati è psicologa specializzata in psicologia dello sviluppo e della comunicazione, psicoterapeuta, terapeuta Emdr. Opera sul disagio di bambini, adolescenti, giovani e adulti nel proprio studio professionale. Ha collaborato nell'ambito delle consulenze tecniche d'ufficio in casi di separazione e divorzio, problemi familiari, abusi su minori.

www.rededizioni.it

Coordinamento editoriale: Diletta D'Amelio
Revisione redazionale: Patricia Roaldi
Illustrazioni: Marcella Grassi

Nuova edizione: 2016
Ristampa 2017

Stampa: LEGO Spa, Lavis (TN)

red! è un marchio Il Castello Srl
Via Milano 73/75 - 20010 Cornaredo (MI)
Tel. 02 99762433 - Fax 02 99762445
www.ilcastelloeditore.it

Veronica Arlati

Emozioni in fiaba

red!

Introduzione alla seconda edizione

Dopo sei anni dall'uscita della prima edizione di Emozioni in fiaba*, mi trovo a scrivere con grande gioia l'introduzione per la nuova edizione, condividendo con i lettori una mia riflessione sul successo che il volume ha avuto in questi anni.*

Dopo l'uscita del libro sono stata contattata da diverse persone, interessate a esso per svariati motivi; mi sono così resa conto che quando l'ho scritto, presa dall'entusiasmo del progetto 'Emozioni in fiaba' (che si è svolto sotto la supervisione della dottoressa Cecilia Ragaini, neuropsichiatra infantile, psicoterapeuta e docente dell'Università Cattolica di Milano, e con l'ideazione e la collaborazione della dottoressa Anna Poli, psicologa e psicoterapeuta), non mi ero resa conto del successo che avrebbe potuto avere anche in ambiti diversi da quello per cui era stato pensato. All'epoca avevo già ben compreso quanto la sfera emotiva fosse di basilare importanza per ognuno, ma soprattutto per i più piccoli, che si affacciano per la prima volta a tante esperienze, compresa quella del comprendere, conoscere ed esprimere le loro emozioni. Avevo anche ben chiaro come le fiabe potessero risultare fondamentali per aiutare questo processo proprio perché di più facile fruizione per i bambini. Nello stesso tempo avevo immaginato che la mia esperienza potesse risultare utile per avvicinare i genitori alla sfera emotiva dei loro piccoli e favorire così un dialogo e una comprensione più approfondita riguardo alle emozioni.

Quello che mi sfuggiva era che in una società dove tutti, adulti e bambini, vanno sempre più di corsa, si fa fatica a trovare il tempo per avvicinarsi, parlare, condividere; e questo libro può essere un buon modo per creare quegli spazi di condivisione così preziosi non solo all'interno della famiglia, ma anche al di fuori di essa. Grazie alle diverse richieste ricevute, infatti, ho compreso che queste fiabe stavano venendo incontro anche a esigenze che vanno al di là delle mura domestiche e che comprendono quei luoghi di condivisione, come le scuole e i laboratori per bambini, dove i più piccoli possono essere aiutati a entrare più in contatto non solo con la propria sfera emotiva, ma anche con quella dei pari. Passo fondamentale per aiutare anche la competenza relazionale e sociale, infatti la comprensione delle proprie e altrui emozioni rimane la base fondamentale per delle sane e soddisfacenti relazioni.

Il fatto che questo libro sia riuscito a varcare le soglie delle case per entrare in altri ambiti adibiti ai bambini e che attraverso le mie parole e le mie fiabe tanti piccoli imparino ad acquisire una buona competenza emotiva e magari anche a superare alcune difficoltà e problematiche di natura emotiva mi riempie di gioia, perché da sempre la parte più bella e gratificante del mio lavoro consiste nella possibilità di aiutare le persone a vivere serenamente.
Pertanto non posso che essere estremamente contenta del fatto che la casa editrice abbia deciso di rinnovare il libro per renderlo ancora più fruibile e interessante per chiunque, adulto o bambino, ne voglia trarre giovamento.

Fiabe per crescere sereni

Saper riconoscere, comprendere e gestire la propria sfera emotiva e quella altrui è fondamentale per ogni persona ma ancora di più per i bambini che, soprattutto nel periodo prescolare e nei primi anni di scuola, iniziano a scoprire il mondo delle emozioni. Una scoperta che il più delle volte non avviene in modo facile e lineare, e che può causare ai piccoli qualche disagio in questa delicata fase della crescita. Bisogna tenere presente che il bambino manifesta le emozioni in modo diverso dall'adulto e che spesso fatica a parlare di ciò che prova, anche perché non ha ancora acquisito un linguaggio adeguato a esprimere concetti astratti; e talvolta gli risulta persino difficile riconoscere quel 'qualcosa' che lo pervade, dargli un nome. Può capitare così che nasconda ciò che prova, oppure che, non sapendo come gestire le sue emozioni, reagisca con azioni violente o aggressive, proprio a causa della grande confusione interiore che lo tormenta.

Accade spesso a chi ha a che fare quotidianamente con il mondo dell'infanzia di vedere bambini che non parlano, chiusi in se stessi, oppure costantemente arrabbiati con tutti e con la tendenza a reagire a ogni situazione in modo aggressivo. Questo succede appunto quando i piccoli, pervasi

da emozioni e sensazioni nuove e contrastanti, non riescono a capirle, a riconoscerle e a gestirle in modo adeguato e si trovano bloccati, dal punto di vista emotivo, in una situazione di confusione che li fa soffrire e che da soli non sono in grado di risolvere. Quando un bimbo non riesce a comprendere quello che gli sta accadendo infatti si spaventa, si allarma e difficilmente riesce a comunicare ciò che sta provando.
Questa situazione rende più difficoltoso anche il ruolo di chi gli sta accanto e ha il compito di accompagnarlo lungo il cammino che lo porterà a scoprire, riconoscere ed essere in grado di esprimere e gestire il complesso mondo delle emozioni; una capacità determinante per la sua crescita che viene chiamata 'competenza emotiva'.

L'acquisizione di una buona competenza emotiva risulta fondamentale non solo per la crescita individuale del bambino, ma anche per migliorare le sue abilità sociali, cioè per sviluppare la capacità di creare rapporti soddisfacenti e produttivi. Infatti la capacità di accogliere e gestire le proprie emozioni e quelle altrui è fondamentale anche per riuscire a capire meglio gli altri e quindi a rapportarsi con loro in modo positivo, in quanto le emozioni costituiscono il mediatore fondamentale tra sé e l'ambiente circostante.

È dai genitori che si impara a esprimere le emozioni

La tradizione culturale ha tramandato lo stereotipo della figura maschile che, per essere veramente tale, deve evitare di mostrare emozioni come la tristezza o la paura tramite il pianto, indice di una fragilità che mal si accompagna alla

virilità, che invece si dovrebbe manifestare attraverso la rabbia e l'aggressività. Il contrario dello stereotipo della figura femminile mite e pacata, alla quale è consentito di esprimere le proprie emozioni tramite il pianto, e non attraverso la rabbia e l'aggressività. I bambini di ieri, e quindi gli adulti che oggi sono genitori, sono stati spesso cresciuti seguendo questi criteri che non davano alle diverse emozioni il giusto valore e riconoscimento.
Bisogna tenere presente che per il bimbo il genitore rappresenta il modello fondamentale e il punto di riferimento, dal quale apprende le modalità di comportamento e reazione nelle diverse situazioni, e da cui impara perciò anche come riconoscere, esprimere, comprendere e gestire le emozioni. In questo senso per un bambino vivere in un ambiente che non dia il giusto riconoscimento e valore a tutte le emozioni può essere controproducente ai fini del suo sviluppo emotivo.

In sostanza, si può dire che se i genitori sono portati a reprimere le emozioni che ritengono negative, non parlandone o manifestandole solo attraverso comportamenti aggressivi, i figli non impareranno a loro volta a esprimerle in modo adeguato, bloccandole e reprimendole, oppure manifestandole in modo distruttivo e violento. Se invece il bambino cresce in un ambiente dove gli adulti di riferimento esprimono in modo calmo ed equilibrato tutte le loro emozioni, siano esse positive o negative, imparerà a poco a poco a esprimerle a sua volta in modo adeguato, e anche a gestirle. Un atteggiamento comune a molti genitori, motivato dal desiderio di aiutare il figlio ad affrontare un evento che suscita in lui una reazione intensa, è quello di minimizzare l'accaduto, per esempio esortandolo a non attribuirgli

un'importanza eccessiva e rassicurandolo circa il fatto che 'a tutto c'è rimedio'. Abbastanza frequente è anche il comportamento contrario, ovvero la reazione intollerante alle emozioni del piccolo, etichettate come 'troppo intense'.
In entrambi i casi si tratta di atteggiamenti da evitare, perché il bimbo recepirà il messaggio che quelle particolari emozioni non sono ben viste dalle persone che più ama, e a poco a poco tenderà a non esprimerle più, a reprimerle e a nasconderle dentro di sé, impedendo così che possano essere comprese, elaborate e gestite. Una situazione che, alla lunga, può portare il piccolo a soffrire a causa della tensione emotiva interna, che da solo non riesce a gestire e nemmeno a esprimere.
Così come a un genitore non fa piacere vedere il proprio figlio stare male per ciò che lui stesso non riesce a capire, il bambino soffre se non riesce a riconoscere quello che sta provando e se non si sente compreso da parte delle figure di riferimento. Perciò è fondamentale fare in modo che la comunicazione emotiva tra genitori e bambini non si interrompa, creando un disagio da entrambe le parti.

L'aiuto delle fiabe per arrivare al cuore del bambino

Ma ecco che il mondo delle fiabe può venire piacevolmente in soccorso. La fiaba rappresenta un mezzo importante, e nello stesso tempo straordinariamente semplice, per comunicare con il bambino, per accedere direttamente al suo cuore, facendo emergere ciò che vi è custodito gelosamente e che spesso è difficile esprimere a parole.
Infatti il particolare linguaggio simbolico utilizzato dalle fiabe permette di entrare in contatto diretto con il mondo

emotivo del piccolo, aiutandolo a capire che non è il solo a provare determinate sensazioni – che sono invece comuni a tantissimi bambini come lui – e insegnandogli a riconoscere le diverse emozioni, a dar loro un nome, a comprendere come si creano, come possono essere espresse, quali conseguenze possono avere e come si possono gestire, anche con l'aiuto dell'adulto.

Inoltre attraverso un utilizzo adeguato delle fiabe si può favorire un dialogo tra adulto e bambino sui vissuti emotivi del piccolo, e in questo modo la fiaba funge da mediatore sia tra il mondo adulto e quello infantile sia tra il bimbo e la sua sfera emotiva.

Anche il disegno può favorire l'emergere del vissuto del bambino, soprattutto se usato congiuntamente alla fiaba, perché permette al piccolo di esprimere ciò che prova in modo simbolico e spontaneo, senza interferenze del mondo adulto. La produzione stessa può essere lo spunto per i genitori per riflettere insieme con il bambino sul significato di ciò che è stato rappresentato, così da favorire ulteriormente la comunicazione e la reciproca comprensione a livello emotivo.

Supportare in modo adeguato la nascita e il consolidamento delle competenze emotive del proprio figlio rappresenta un importante obiettivo per i genitori, perché un bambino emotivamente competente sarà un bambino più felice, equilibrato e contento di se stesso e delle sue relazioni.

Questo libro

L'idea di scrivere un libro di fiabe sulle emozioni è nata proprio a partire da questi presupposti. L'esperienza maturata all'interno di un progetto chiamato 'Emozioni in fiaba', costruito e gestito da un gruppo di psicologhe specializzate in psicologia dello sviluppo, sia in contesto scolastico sia in comunità di primo intervento, ha rivelato la grande efficacia della fiaba nel favorire lo sviluppo della competenza emotiva nei bambini. Cosicché, dopo aver ottenuto ottimi risultati con questo progetto, è nata l'idea di aiutare anche molti altri bimbi e i loro genitori.

Attraverso la lettura delle fiabe contenute in questo libro i genitori potranno entrare più facilmente in relazione con i propri figli, i quali, a loro volta, attraverso la prima e più significativa relazione emotiva, quella con le loro mamme e i loro papà, impareranno a conoscere profondamente il proprio mondo interiore e soprattutto a gestirlo e a relazionarsi con gli altri in modo ottimale.

In questo libro le emozioni fondamentali provate dai bambini – paura, tristezza, rabbia, gioia, gelosia... – sono affrontate sotto forma di storie in grado di aiutarli a riconoscerle e gestirle, e anche a comprendere l'importanza di saper chiedere aiuto agli adulti nei momenti di difficoltà. Ogni fiaba affronta temi particolari, offrendo in tal modo lo spunto per approfondire gli specifici problemi che possono interessare un bambino nel suo difficile percorso di crescita.

Per favorire l'utilizzo delle fiabe nel modo più adeguato e costruttivo viene fornita una scheda di lettura, da intendersi

come guida per una più profonda comprensione del significato dei fatti narrati e per suggerire ulteriori sviluppi e stimoli che potranno emergere durante e dopo la lettura.
Quando si leggono le fiabe, si suggerisce di catturare l'attenzione del bambino modulando il tono della voce nei momenti cruciali e di usare la voce e la mimica nei dialoghi per favorire l'immedesimazione del piccolo.

LE FIABE

La leggenda delle fiabe

TEMI

- Le conseguenze negative dell'incapacità di gestire le proprie emozioni.
- L'importanza di saper chiedere aiuto.
- Il valore dell'amore e dell'amicizia.
- La fiaba come strumento per stare insieme in armonia e capirsi meglio.

OBIETTIVI

- Imparare a capire e a gestire le proprie emozioni e a farsi aiutare quando ci si trova in difficoltà.

SUGGERIMENTI PER ULTERIORI ATTIVITÀ

- Proporre al bambino di disegnare il momento della fiaba che lo ha colpito di più. Questo ci aiuterà a capire meglio che cosa ha pensato e provato durante la lettura.

SUGGERIMENTI PER UN APPROFONDIMENTO CON IL BAMBINO

- Chiedere al bambino quale sia il punto della fiaba che lo ha maggiormente emozionato e quale di meno. Questo servirà ad aiutarci a scegliere le fiabe che trattano delle emozioni che più lo coinvolgono.

- Chiedere al piccolo quale personaggio gli è più simpatico e per quale motivo, al fine di comprendere come vi si rispecchia e quale sia la sua modalità di reagire alle emozioni. Per esempio, se il suo personaggio preferito è lo gnomo, significa che trovandosi di fronte a delle situazioni difficili tende ad agire in modo adeguato; se sono i cuccioli del bosco, tende a manifestare le emozioni in modo aggressivo; se è lo scoiattolo, tende a lasciarsi sopraffare dalle emozioni; se è la strega, tende a identificarsi con l'aggressore, cioè ad agire le emozioni in modo da spaventare gli altri; se è il gufo, tende a vivere le situazioni mettendosi in disparte, senza affrontarle direttamente.
- Chiedere al bambino come reagisce quando prova le emozioni suscitate dalla fiaba.

C'era una volta un villaggio piccolo piccolo nascosto in mezzo al bosco, dove tutti gli abitanti erano gnomi piccoli piccoli, con delle barbe bianche lunghe lunghe, dei nasoni rossissimi, e tutti portavano dei cappelli rossi a punta e degli enormi stivaloni.
Questo villaggio era molto famoso e i suoi abitanti stimatissimi in tutto il bosco, perché, si sa, il popolo degli gnomi è molto saggio e quando da qualche parte nasceva un problema i primi a esserne informati erano proprio loro, dal momento che il loro aiuto era considerato prezioso e indispensabile.
Una mattina al villaggio arrivò, tutto trafelato, un grosso gufo. Era così affannato per il lungo viaggio affrontato che a stento riuscì a pronunciare due parole: «Aiuto... cuccioli...».

Il grande capo degli gnomi, lo gnomo Sem, prima gli offrì un bel bicchierone d'acqua, poi lo invitò a riposare un po', quindi, non appena si fu ripreso, gli chiese di riferirgli che cosa fosse accaduto.

Allora il grosso gufo, molto preoccupato, spiegò al saggio gnomo che in un villaggio lontano lontano era successa una vera catastrofe. Raccontò che in questo villaggio, che si chiamava Baby, vivevano tanti cuccioletti di tutti gli animali del bosco: c'erano coniglietti, lupacchiotti, elefantini, gattini, cagnolini, orsetti... tutti piccoli piccoli. Narrò come fino a prima della catastrofe fosse stato un villaggio felice, come tutti i cuccioli fossero sempre contenti e giocassero insieme allegri, ma che da qualche tempo tutta quella allegria era stata sostituita da rabbia, tristezza e paura; i cuccioli non passavano più il tempo a giocare ma a litigare per ogni

cosa, persino per una piccola bacca. Riferì che tutti quei cucciolini, una volta così teneri, non facevano che progettare dispetti da farsi gli uni con gli altri e di come nessuno fosse più amico di nessuno. Allora lo gnomo Sem, compresa subito la gravità del problema, salì sulla schiena del grosso gufo e gli chiese di portarlo nel villaggio Baby, dove avrebbe cercato di scoprire che cosa fosse successo ai suoi abitanti.

Arrivato al villaggio, si rese conto, stupitissimo, che era completamente deserto, in giro non c'era nessuno. «Dove sono finiti tutti quanti?» chiese Sem al gufo. Il gufo gli spiegò che ognuno di quei cuccioletti si era costruito un proprio fortino dove se ne stava rintanato per evitare di subire i dispetti degli altri. Allora lo gnomo Sem, che non si dava per vinto, iniziò a esplorare il villaggio per cercare almeno un cucciolo con cui parlare per avere qualche spiegazione.
Cammina, cammina, cerca, cerca... finalmente trovò sotto una enorme foglia di fico un piccolissimo scoiattolino, che se ne stava tutto raggomitolato su se stesso e singhiozzava disperatamente. Lo gnomo Sem allora gli si avvicinò e con gentilezza gli chiese che cosa fosse successo. Il piccolino, preso un po' di coraggio, gli confidò che era successa una cosa orribile: un giorno era arrivata una brutta strega cattiva e si era messa a inveire contro i cuccioletti, e da allora, per malefica magia, nessuno era stato più lo stesso, erano diventati tutti cattivi e perennemente arrabbiati gli uni con gli altri. Spiegò che lui era l'unico a non essere cambiato, perché quel giorno non si sentiva bene ed era rimasto nascosto nella sua tana, così il maleficio della strega non lo aveva raggiunto.
Allora lo gnomo Sem cercò di tranquillizzare lo scoiattolino e gli promise che li avrebbe aiutati a risolvere la situazione.

Per prima cosa decise che sarebbe andato a parlare con la strega malvagia.
Risalì sulla schiena del grosso gufo e insieme ripartirono in volo alla ricerca del castello della strega. Dopo un lungo tragitto i due arrivarono in un luogo tremendamente scuro, buio e tetro, dove mancavano del tutto i colori e l'allegria. Evidentemente la stregaccia non poteva essere lontana, e infatti poco dopo si trovarono davanti a un grande castello tutto nero. Arrivati davanti al grosso portone bussarono con veemenza. Allora un uomo enorme e tutto vestito di nero venne ad aprire e chiese con una voce cupa e fonda:

«Chi siete voi? Che cosa volete?». Lo gnomo Sem, raccolto tutto il suo coraggio, rispose: «Siamo venuti per parlare con la strega, è urgente!». L'enorme uomo nero scoppiò in una fragorosa risata e disse: «Che cosa pensate di fare? La strega è troppo potente per voi, non potete ottenere nulla da lei! Andatevene finché siete ancora in tempo!». Ma lo gnomo Sem non si diede per vinto, sgattaiolò sotto le gambe del grosso uomo nero e in un attimo fu dentro il castello dove, in un immenso salone in cui non entrava che un filo di luce grigia, si trovò davanti la strega malvagia.
«Che cosa vuoi da me piccolo gnomo insignificante? Cosa pensi di fare? Come speri di battermi?» lo apostrofò la strega con una vocetta acuta e stridula. «Voglio sapere che cosa hai fatto al villaggio Baby e perché tutti i cuccioli litigano continuamente tra di loro invece di giocare felici e contenti» rispose pacatamente Sem.
La strega, in tono altezzoso e di sfida, spiegò che aveva fatto un potente incantesimo, così che i cuccioletti del villaggio non potessero più essere felici, e questo perché era stufa di sentirli cantare e schiamazzare a ogni ora del giorno e della notte e perché non sopportava la loro felicità. Lo gnomo Sem allora la supplicò di togliere immediatamente quel brutto incantesimo perché sarebbe stata una vera tragedia se tutti quei poveri piccoli fossero cresciuti non sapendo cosa fossero la felicità, l'amicizia e la solidarietà. Ma la perfida stregaccia non ne volle sapere e in un attimo lo scaraventò fuori dal castello, dove il grosso gufo era rimasto in attesa.
Lo gnomo Sem, dopo aver spiegato brevemente al gufo quello che era successo con la strega, gli rimontò in groppa e gli chiese di riportarlo subito al villaggio Baby dove avrebbe cercato di risolvere il problema.
Non appena arrivati, videro che dappertutto, per tutti i sen-

tieri del bosco c'erano cuccioli che si urlavano contro, che si lanciavano oggetti e si distruggevano a vicenda le cose più care. Allora lo gnomo Sem andò a cercare il piccolo scoiattolino, insieme si misero a raccogliere un bel po' di legna e poi ritornarono nella piazza centrale del villaggio e prepararono un gran bel falò.
Una volta che il fuoco cominciò a sfavillare allegro, vi si sedettero davanti e Sem iniziò a raccontare delle bellissime fiabe piene di piccoli protagonisti coraggiosi, e poi prese a parlare di fantastiche avventure, di streghe e di draghi, e di tante cose ancora. All'inizio intorno al fuoco c'erano solo loro e il grosso gufo, ma a poco a poco, la curiosità ebbe il sopravvento sui cuccioletti del villaggio che a uno a uno arrivarono e si sedettero anche loro intorno al fuoco ad ascoltare quelle storie meravigliose.
E fu così che finalmente ritornò la quiete nel villaggio; lo gnomo Sem continuò a raccontare fiabe su fiabe, storie su storie fino a quando tutti i cuccioli si furono addormentati uno accanto all'altro e poi se ne andò lasciando un bigliettino che diceva: «Voi siete dei cuccioletti buoni, graziosi e gentili, d'ora in avanti fate in modo che nessuna strega cattiva possa rovinarvi la vita, aiutatevi a vicenda e vogliatevi bene e io tornerò ogni sera a raccontarvi le fiabe davanti al fuoco».
La mattina seguente i cuccioletti si svegliarono uno accanto all'altro, e di questo rimasero davvero stupiti, ma ancora di più li meravigliò il fatto che non si sentivano più arrabbiati l'uno con l'altro e nel loro cuore provavano solo tanto amore e tanta felicità; lessero il bigliettino e improvvisamente si ricordarono di quanto era successo la sera prima, di come, mentre lo gnomo raccontava quelle bellissime fiabe, la rabbia, la paura e la tristezza a poco a poco avevano lasciato

il posto all'amore e alla gioia e si resero conto di quanto fossero stati male prima. Decisero perciò di seguire il consiglio dello gnomo Sem e di impegnarsi per far sì che non potesse mai più accadere quello che era successo per colpa della strega cattiva.
Per aiutarli a mantenere i buoni propositi, lo gnomo buono, come aveva promesso, ritornò ogni sera al villaggio per raccontare fiabe sempre nuove e avvincenti.
Così finalmente l'incantesimo della strega fu definitivamente rotto, e quando la malvagia ritornò urlando al villaggio per capire cosa era successo e per lanciare di nuovo il suo maleficio, trovò ad attenderla lo gnomo Sem seduto accanto al falò, circondato dai suoi amici cuccioli che ascoltavano rapiti le sue belle storie.
Lo gnomo allora le disse: «Brutta strega cattiva oramai non potrai più fare nulla contro questi cuccioli: hanno capito come sfuggire per sempre al tuo orribile incantesimo, perché hanno imparato l'importanza del volersi bene e dell'essere felici insieme, e d'ora in poi non potrai mai più fare loro del male! Vai via e non farti più vedere!». La strega inferocita tentò di lanciare un nuovo incantesimo, ma nel farlo si rese conto che la sua malefica magia nulla poteva contro la forza dell'amore e dell'amicizia che legava tra di loro quei cuccioletti. Scornata e con le pive nel sacco, la stregaccia se la diede a gambe, accompagnata da un fitto lancio di mele marce, a cui si dedicarono con gioia tutti gli abitanti del villaggio.
Fu così che da allora a Baby, il villaggio dei cuccioli, regnarono solo gioia e felicità. I piccoli si volevano bene, volevano bene allo gnomo Sem che raccontava le fiabe accanto al fuoco e volevano bene persino al gufo.

La paura di Tippy

TEMI

- La paura.
- Il voler apparire perfetti.
- Il timore del giudizio degli altri.
- Il non voler mostrare agli altri la paura.
- L'incapacità di chiedere aiuto.
- L'importanza di avere fiducia in se stessi.
- L'importanza di esprimere la paura e di chiedere aiuto.

OBIETTIVI

- Imparare a riconoscere la paura.
- Imparare a esprimere la paura in modo adeguato.
- Imparare a chiedere aiuto quando si è in difficoltà.
- Imparare, anche con l'aiuto di un adulto, a gestire la paura.

SUGGERIMENTI PER ULTERIORI ATTIVITÀ

- Chiedere al bambino di impersonificare il personaggio che preferisce e di inventare un nuovo finale per la fiaba; lo si può aiutare fornendogli indumenti e oggetti per il travestimento e magari interpretando un altro personaggio della fiaba, consentendo al bambino di esprimere le sue emozioni e di reagire concretamente.

✤ Proporre al bambino di disegnare la parte della fiaba che l'ha colpito di più per capire qual è il problema che sente maggiormente.

✤ Chiedere al bambino di disegnare qualcuno che ha paura, per vedere se sa cogliere e rappresentare gli elementi caratteristici dell'espressione della paura.

✤ Cercare insieme tra le foto se ce n'è qualcuna che gli ricordi dei momenti particolari in cui si è sentito spaventato e come ha reagito.

SUGGERIMENTI PER UN APPROFONDIMENTO CON IL BAMBINO

✤ Chiedere al bambino che cosa gli fa più paura, e perché.

✤ Chiedergli che cosa fa quando ha paura. Spiegargli quanto sia importante rivelare la sua paura a chi lo può aiutare.

✤ Rassicurarlo sul fatto che avere paura è normale e che, con l'aiuto dell'adulto, le paure possono essere affrontate.

C'era una volta un gattino così tenero e carino che tutti gli volevano bene: la sua mamma e il suo papà naturalmente lo adoravano, e i suoi amici pensavano fosse un compagno di giochi fantastico. Tippy, questo era il suo nome, era contento di avere tanti amici e di essere così ben voluto; per lui era terribilmente importante che tutti, ma soprattutto le persone più care, pensassero tutto il bene possibile di lui: che era bravo, buono, bello, insomma un figlio perfetto e un amico ideale, e cercava in ogni modo di fare del suo meglio per accontentare tutti. Aiutava la mamma in casa, si impegnava moltissimo negli studi per ottenere ottimi voti a scuola, così che i suoi genitori fossero soddisfatti e orgogliosi di lui. Non litigava mai, andava d'accordo con tutti, giocava e si divertiva con gli amici, condividendo con loro i momenti più belli della giornata, e si prodigava ad aiutarli quando erano in difficoltà.

Ma c'era una cosa che nessuno sapeva di lui, un segreto di cui si vergognava moltissimo: aveva una tremenda paura dei topi! Un gatto che ha paura dei topi! Una cosa che non si era mai vista, un disonore!

Così pensava il povero Tippy angosciato all'idea che qualcuno potesse scoprire che non era poi quel gattino così perfetto che tutti cre-

devano. Non appena sentiva lo squittio di un topolino il cuore gli balzava in gola, cominciava a tremare, rimanendo talmente paralizzato dal terrore da non riuscire nemmeno a scappare. Ma non avrebbe mai ammesso questa sua grande paura perché era preoccupato di come l'avrebbero giudicato gli altri, la mamma, il papà, i suoi amici.
Tippy pensava spessissimo a questa sua paura e a come fare perché nessuno ne venisse a conoscenza; dentro di sé si domandava: «Ma che cosa penserebbero tutti quanti se sapessero che un gattino come me ha paura dei topi? Certamente non direbbero più che sono un gattino così bravo... Mi prenderebbero anche in giro...». Questi erano i pensieri che affollavano la mente del piccolo Tippy e lo angosciavano a tal punto che non aveva mai osato parlare della sua paura con nessuno, né pensava di poterlo mai fare.

Un giorno, tornando a casa da scuola, mentre stava girando l'angolo della via che lo avrebbe condotto a casa, si trovò davanti un topo enorme. Tippy si sentì il cuore in gola e avrebbe tanto voluto scappare e correre dalla mamma a chiedere aiuto, ma non poteva... le gambe gli si erano paralizzate e non riusciva a muovere nemmeno un muscolo; aveva un'espressione di tale terrore sul musino che il topo si spaventò a sua volta e fuggì a gambe levate.
Ma Tippy rimase molto turbato dal terribile incontro e da quello che aveva provato, avrebbe tanto voluto parlarne con la mamma ed essere confortato da lei, però aveva paura di quello che avrebbe potuto pensare, per cui non fece parola con nessuno di quanto successo e lo tenne per sé.
Ma da quel giorno non riuscì più a essere il gattino felice e spensierato di prima, diventò molto chiuso e taciturno, non giocava più allegramente con gli altri gattini e aveva persino

paura di andare a fare delle passeggiate, temendo di finire in uno dei luoghi frequentati dai topi.
A poco a poco tutti si resero conto del cambiamento di Tippy, ma quando lo avvicinavano e cercavano di chiedergli cosa avesse e se potevano aiutarlo, lui cambiava bruscamente discorso o addirittura se ne andava lasciando l'interlocutore con un palmo di naso. Insomma non era più il simpatico gattino che tutti conoscevano, così poco per volta si ritrovò sempre più solo e spaventato.

Una sera il piccolo Tippy andò a dormire ancora più agitato del solito e fece uno strano sogno; gli apparve una fatina che gli disse: «Ciao Tippy! Io sono la fatina che aiuta i cuccioli ad affrontare le loro paure, ho già aiutato tanti altri cuccioli come te, terrorizzati dalle proprie paure. Adesso io farò una magia, ti toccherò con la mia bacchetta magica e tu da domani potrai trasformarti in quello che vorrai, in quello che ti servirà per poter sconfiggere la tua paura, e lo potrai fare ogni volta che vorrai fino a quando non le avrai sconfitte tutte!».
Il mattino seguente Tippy si svegliò stranamente tranquillo, non sentiva più la paura dentro di lui e non capiva il perché, ma poi ci pensò bene e si ricordò del sogno della notte precedente e allora decise che era arrivato il momento di affrontare la sua paura: i topi!
Si lavò, fece colazione e in un attimo fu fuori di casa alla ricerca di qualche topolino per poter verificare se l'incantesimo della fatina funzionava veramente.
Andò nel granaio del suo vicino di casa, dove sapeva che viveva una famigliola di topi, e non appena fu lì iniziò a urlare a gran voce: «Topi! Ehi, topi! dove siete? Non mi fate più paura! Su, venite fuori che vi batterò tutti!».

I topi, che conoscevano bene Tippy e che fino ad allora si erano divertiti da morire a spaventarlo a più non posso, vennero fuori tutti insieme dalla loro tana. In principio Tippy sentì di nuovo il cuore salirgli in gola, ma poi si ricordò delle parole della fatina, e decise che per affrontare tutti quei topi si sarebbe trasformato in leone. Detto fatto, in un battibaleno si ritrovò re della foresta e i topolini davanti a tanta temibile potenza scapparono a gambe levate spaventati.
Tippy fu veramente fiero di sé, finalmente era riuscito a battere quei dispettosi dei topi e soprattutto non aveva più paura di loro... Felice come non era mai stato prima, decise che avrebbe raccontato tutto alla mamma.

Così, non appena giunse a casa, corse incontro alla mamma e le raccontò tutto quanto: di quella enorme paura dei topi che aveva avuto fino a poco tempo prima, del sogno e dell'incredibile avventura appena vissuta, di come si fosse trasformato in leone e avesse fatto scappare tutti i topi.
La mamma lo ascoltò con attenzione e quando Tippy ebbe finito gli svelò un segreto: era stata lei che di notte, mentre lui dormiva gli aveva sussurrato all'orecchio tutte quelle cose, non c'era stata nessuna magia e nessun incantesimo. Tippy aveva affrontato i topi con le sole sue forze, non si era trasformato in leone era rimasto il bel gattino di sempre, ma avendo acquistato maggior fiducia in se stesso era riuscito a far paura a quei topastri e a farli scappare tutti,

insomma era stato lui, da solo e senza nessuna magia, a vincere la sua paura!
Tippy in un primo momento rimase sconcertato, quasi deluso, non c'era stato nessun incantesimo, nessuna fata lo aveva toccato con la sua bacchetta magica, ma poi fu contento di sapere che la mamma lo aveva aiutato e che, pur sapendo della sua paura dei topi, non lo aveva giudicato male, e ancora di più fu contento di essere riuscito a superare la sua paura e di aver scoperto di poter parlare di tutto con la mamma, perché lei gli avrebbe voluto comunque sempre bene, così com'era, anche con le sue debolezze e le sue paure e anzi lo avrebbe aiutato a superarle.

Fu così che da allora Tippy ritornò a essere il tenero e simpatico gattino di sempre, e i suoi amici furono felici di accoglierlo di nuovo fra loro a giocare. Ormai aveva imparato che qualsiasi paura gli fosse capitato di provare avrebbe sempre potuto contare sull'aiuto delle persone che gli volevano bene.

Scricciolo e il bosco incantato

TEMI

- La tristezza.
- L'abbandono.
- La solitudine.
- La diffidenza verso gli altri.
- L'importanza di accettare l'aiuto degli altri.
- La condivisione della propria tristezza.
- L'amicizia.

OBIETTIVI

- Imparare a riconoscere la tristezza.
- Imparare a esprimere la tristezza in modo adeguato.
- Imparare a gestire la tristezza.
- Imparare a chiedere aiuto.

SUGGERIMENTI PER ULTERIORI ATTIVITÀ

- Far impersonificare al bambino il personaggio della fiaba che preferisce, e chiedergli di inventare un nuovo finale. L'adulto può interpretare un altro personaggio e aiutarlo nella rappresentazione, fornendogli anche semplici travestimenti. In questo modo si permette al piccolo di mostrare concretamente come esprime le sue emozioni.

- Proporre al bambino di disegnare qualcuno triste per verificare se sono presenti gli elementi distintivi dell'espressione della tristezza.
- Guardando foto e riattivando i ricordi, chiedere al bambino in quale occasione si sia sentito molto triste, e perché.

SUGGERIMENTI PER UN APPROFONDIMENTO CON IL BAMBINO

- Chiedere al bambino che cosa lo faccia sentire triste.
- Chiedergli che cosa fa quando è triste.
- Chiedergli come gli sembra che gli altri reagiscano alla sua tristezza e come si senta lui di fronte al loro comportamento.
- Fargli capire l'importanza di chiedere aiuto quando si sente triste per qualcosa, perché insieme si può trovare più facilmente una soluzione.

Scricciolo era un gattino piccolo e carino, tutto bianco, con una macchia nera sul muso. Viveva in una bella casetta con Tommy, un bimbo di 4 anni, che era il suo padroncino, e con sua mamma e suo papà.
Scricciolo e il suo padroncino passavano le loro giornate sempre insieme, giocavano e si divertivano, condividevano tutte le loro esperienze e a Tommy piaceva tanto trascorrere ore ad accarezzare il morbido pelo bianco del gattino.

Purtroppo però quelli erano tempi veramente duri per la famiglia di Tommy; la madre aveva appena perso il lavoro e con uno stipendio solo era difficile portare a casa i soldi sufficienti per mangiare. Per questa ragione, seppur a malincuore, i due genitori decisero che non potevano più permettersi di tenere in casa il gattino e una notte, mentre Scricciolo e Tommy stavano dormendo nello stesso letto, presero il gattino dalla camera del bambino e lo portarono in un boschetto lì vicino. In cuor loro speravano che lì si sarebbe trovato bene e avrebbe trovato tanti animaletti con cui fare amicizia.

La mattina seguente Scricciolo, che aveva continuato a dormire imperterrito e non si era ancora accorto di nulla, fu svegliato dalla luce del sole che faceva capolino tra le foglie degli alberi e appena aprì gli occhietti si accorse che non si trovava nel letto del suo amico Tommy, ma in un posto mai visto, pieno di piante, alberi, foglie, funghetti... Non riusciva a capire né dove fosse, né cosa fosse accaduto e per quanto quel posto fosse bellissimo, pieno di cose interessanti da conoscere e con cui giocare, sentiva dentro di sé che gli mancava tanto il suo caro padroncino Tommy. Si sentiva solo e triste, e aveva anche tanta fame.

Si acciambellò sotto un albero, provò una grande tristezza e scoppiò a piangere. Ma a un certo punto sentì una vocina: «Come mai stai piangendo?». Spaventato, il gattino si guardò intorno e non vide nessuno. Allora la stessa vocina gli disse: «Sono un funghetto fatato e questo è un boschetto magico, qui tutti sanno parlare... Tu chi sei?».

Scricciolo allora si accorse che proprio di fianco a lui c'era un funghetto tutto rosso, molto carino, ma era talmente triste che lo trattò male e gli rispose in tono brusco: «Sono affari miei, lasciami stare! Che cosa vuoi capire tu, che sei solo un piccolo fungo!». A quel punto il funghetto non disse più nulla e lo lasciò da solo con la sua tristezza.

Scricciolo però aveva tanta, tanta fame e allora decise di andare a cercare qualcosa da mangiare. Cammina, cammina, arrivò davanti a un ruscello; l'acqua era così chiara e trasparente che si vedevano tanti pesciolini e il gattino pensò che avrebbe potuto pescarli stando sulla riva del fiume, ma a furia di sporgesi dalla riva, perse l'equilibrio e cadde nell'acqua.

Il gattino non sapeva nuotare e stava per affogare, quando, come per magia, gli comparve davanti un ramo, lui vi si aggrappò e il ramo lo portò dolcemente a riva, fuori dall'acqua.
Scricciolo non capiva che cosa fosse successo, ma era tanto contento di essersi salvato. Fu allora che la grande quercia sopra di lui gli disse: «Sono stata io a salvarti! Tu chi sei? Che cosa ci fai tutto solo nel bosco?».
Anche se il gattino aveva deciso di non dare confidenza alle voci che sentiva nel bosco, perché non si fidava di loro e non voleva condividere con nessuno la sua tristezza, pensò che doveva essere grato a quella grande quercia che lo aveva salvato e le rispose: «Sono Scricciolo e mi sono perso nel bosco, ti ringrazio per avermi salvato, ma ora me ne andrò a cercare qualcosa da mangiare perché ho tanta fame».
Stava per andarsene quando, la grande quercia lo richiamò: «Scricciolo, io sono la quercia saggia del villaggio e so quello che ti è successo, so tutta la tua storia e capisco anche che ti senti solo e triste, ma se non permetti a noi abitanti della foresta di aiutarti non sarai mai felice, perché rimarrai sempre così, solo e triste».
Il gattino, colpito dalle parole della grande quercia, decise che in effetti essa aveva ragione e che forse era il caso di farsi aiutare da lei, così le chiese che cosa potesse fare. La grande quercia gli diede un po' delle sue ghiande da mangiare e gli offrì un posto caldo dove trascorrere la notte. Scricciolo accettò contento e si addormentò fra le radici dell'albero.
La mattina seguente, quando fu svegliato dai primi raggi del sole, si accorse che di fronte a lui c'era una piccola casetta di paglia. Incuriosito, andò a guardare chi vi abitasse e vide attraverso le finestrelle che dentro c'erano tanti gattini che dormivano tutti insieme. Felicissimo di aver fatto quella

scoperta, non osava però avvicinarsi perché non sapeva se quei gattini l'avrebbero accolto con loro oppure no...
Allora attese fuori dalla porta che i gattini si svegliassero, ma mentre aspettava si riaddormentò e quando si risvegliò si trovò davanti uno dei gattini che lo guardava con curiosità; si spaventò e fece per scappare, ma l'altro gattino lo rassicurò e gli chiese: «Chi sei? Io sono Pallino, il gattino più piccolo di tutti! Vuoi giocare con me?». Scricciolo decise che era giunto il momento di farsi dei nuovi amici e di ricominciare a divertirsi e così gli disse: «Sono Scricciolo, vengo da molto lontano, e sono contento di conoscerti e anche di giocare con te!». I due gattini si misero a giocare insieme, inseguendo le farfalle e rincorrendosi a vicenda; Scricciolo si divertì tantissimo e a un certo punto si accorse che, senza aver dovuto fare niente di speciale, la tristezza era svanita.

Quando anche gli altri gattini si svegliarono, furono tutti contentissimi di conoscere Scricciolo e di accoglierlo nella loro casetta. Gli diedero anche del latte da bere e tante cose buone da mangiare, mentre lui raccontava loro la sua storia... A poco a poco diventarono amici e Scricciolo divenne a tutti gli effetti parte di quel gruppo di gattini abituati a condividere tutto e a divertirsi insieme ogni giorno.
Quando però pensava al suo amico Tommy, Scricciolo diventava di nuovo tanto triste, perché avrebbe voluto poterlo vedere ancora, acciambellarsi sulle sue ginocchia ed essere accarezzato e coccolato da lui. Allora raccontò ai suoi nuovi amici gattini di quanto gli mancasse Tommy e tutti insieme si attivarono per cercare di aiutarlo nella difficile impresa di ritrovare il suo amico. Si procurarono un po' di cibo per il viaggio e partirono alla ricerca di Tommy.

Intanto anche il bambino, che non si era dato per vinto, passava tutti i suoi pomeriggi in giro per i boschi a cercare il suo amico Scricciolo.
Un giorno, dopo aver girato e cercato in lungo e in largo, era così stanco che si addormentò sotto una quercia, e la fortuna volle che fosse proprio la grande quercia saggia...
Non appena la quercia si rese conto di chi si fosse addormentato tra le sue grosse radici nodose, mandò il suo aiutante passerotto a cercare Scricciolo per tutto il bosco.
Finalmente, dopo una lunga ricerca, il passerotto trovò i micini tutti indaffarati a cercare in qui e in là nel bosco, e raccontò loro che anche il piccolo Tommy stava cercando Scricciolo nel bosco e che dovevano seguirlo, così li avrebbe condotti da lui.

Dopo un po' arrivarono tutti insieme alla grande quercia dove trovarono il bimbo che dormiva protetto dalle radici del grande albero. Scricciolo, non appena lo vide, gli balzò in braccio e lo riempì di così tanti dolci bacini che lo svegliò, e Tommy fu così contento di rivedere il suo fedele amico che si sentì il bambino più felice e fortunato del mondo, e la stessa gioia provava anche il piccolo Scricciolo, finalmente tra le braccia del suo amato padroncino.
Decisero che sarebbero tornati a casa tutti insieme, ma che avrebbero cercato in tutti i modi di rimanere insieme per sempre, perché non ce la facevano a vivere lontani l'uno dall'altro.
La grande quercia, che conosceva i motivi che avevano spinto i genitori di Tommy ad abbandonare il piccolo Scric-

ciolo, decise di aiutarli facendo trovare loro un grosso sacco pieno di monete d'oro.
Grazie all'aiuto della grande quercia, ma soprattutto alla tenacia dei due amici, che avevano continuato a cercarsi senza perdersi d'animo, il bimbo e il gattino poterono rimanere per sempre insieme nella piccola casetta di Tommy e vivere felici e contenti, in compagnia dei loro nuovi amici gattini.

L'orsetto Teddy e la sua famiglia

TEMI

- La rabbia.
- La gelosia tra fratelli, le incomprensioni e l'aggressività.
- La perdita di fiducia negli altri.
- La sensazione di non essere amati.
- La necessità di parlare di quello che si prova.
- La necessità di chiedere aiuto e di lasciarsi aiutare.

OBIETTIVI

- Imparare a riconoscere la rabbia e ad esprimerla in modo adeguato.
- Imparare a esprimere la gelosia e la sensazione di sentirsi non amati.
- Imparare a chiedere aiuto e a farsi supportare dall'adulto.

SUGGERIMENTI PER ULTERIORI ATTIVITÀ

- Far impersonificare al bambino il personaggio della fiaba che preferisce e chiedergli di inventare un finale differente; questo gli permetterà di esprimere in modo concreto quello che prova.
- Far disegnare al bambino una persona arrabbiata, valutare se

sono presenti i tratti distintivi di tale emozione e chi viene rappresentato.

- Ricercare, nelle foto e nei ricordi, episodi di rabbia e indagare con il bambino come si sia sentito in quelle occasioni.

SUGGERIMENTI PER UN APPROFONDIMENTO CON IL BAMBINO

- Chiedere al bambino che cosa lo faccia arrabbiare, e perché.
- Chiedergli come reagisce quando si arrabbia.
- Chiedergli quali reazioni suscita negli altri la sua rabbia.
- Fargli capire che la rabbia va espressa e affrontata con l'adulto.
- Rassicurarlo spiegandogli che i genitori vogliono bene nello stesso modo a tutti i figli, e che lo amano moltissimo pur continuando a voler bene anche agli altri fratelli.
- Fargli capire che quando non si sente compreso dagli altri deve dirlo, perché a volte può capitare che un genitore non capisca che cosa gli stia accadendo.

Teddy era un orsetto molto carino, aveva un musetto dolcissimo, tutto bruno con una macchia di pelo chiara intorno agli occhi che lo rendeva ancora più simpatico. Viveva in una grande casa con la sua famiglia ed era il primo di sette fratelli. Prima della loro nascita aveva tutte le attenzioni dei genitori solo per lui: la mamma lo accudiva e lo riempiva di coccole, mentre con il papà si divertiva a giocare e ad andare a pesca nel weekend.
Ma poi cominciarono ad arrivare i fratellini, tre orsetti e tre orsette che, uno dopo l'altro, lo spodestarono dal trono di figlio unico. Naturalmente le attenzioni della mamma e del papà non poterono più essere concentrate solo su di lui, ma si rivolsero anche verso gli altri cuccioli di casa.

All'inizio non fu facile per il piccolo Teddy accettare che la mamma e il papà volessero bene nello stesso modo anche ai fratellini e che non potessero dedicarsi solo a lui, ma a poco a poco si accorse di voler bene anche lui ai suoi simpatici fratellini: in fondo aveva dei compagni con cui giocare e dei teneri cuccioli da coccolare. Si rese conto che era molto bello far parte di una grande famiglia dove si aveva sempre qualcuno con cui chiacchierare e divertirsi e non si era mai, ma proprio mai, soli.
Ogni giorno che passava voleva loro sempre più bene, e oramai pensava che fosse una grande fortuna non essere più figlio unico e avere così tanti compagni di giochi e di avventure.

Teddy aveva una grande passione per la musica, suonava la tromba oramai da tre anni ed era diventato veramente bravo; spesso suonava anche in casa per i suoi fratellini e tutti lo

stavano ad ascoltare ammirati. Era giunto il momento del saggio di fine anno e per la prima volta Teddy si sarebbe esibito davanti al pubblico; ci teneva veramente tanto e voleva che i suoi genitori e suoi fratellini fossero presenti a un evento così importante per lui.
Al mattino era uscito presto di casa per prepararsi con calma allo spettacolo: era stato tutta la mattina a scuola a provare, aspettando con ansia il momento in cui si sarebbe esibito da solo sul palco davanti a tutti, e soprattutto alla sua grande, adorata famiglia.

Proprio quella mattina però, poco dopo che Teddy era uscito, il fratellino più piccolo, Timmy, si sentì male. Aveva la febbre molto alta e la mamma chiamò il medico, che prescrisse delle medicine e raccomandò di tenere il piccolo a casa, al caldo e a riposo assoluto per qualche giorno.
Erano tutti così preoccupati per il piccolo Timmy che si dimenticarono di andare al saggio di Teddy.
Così quando Teddy salì sul palco per suonare e scrutò tra il pubblico alla ricerca della sua famiglia, ignaro di quanto fosse successo al fratellino, non vedendo nessuno dei suoi cari, rimase così male che non riuscì nemmeno a suonare

e scappò via, deluso e arrabbiatissimo. Se ne stette in giro per tutto il pomeriggio e non voleva più tornare a casa, perché era infuriato con tutta la sua famiglia: mamma, papà, fratellini, si erano tutti dimenticati di lui e del suo saggio.

Tramontato il sole però, la temperatura calò bruscamente e Teddy, oltre a tremare dal freddo, cominciò a sentire una fame tremenda; insomma, alla fine si risolse a tornare a casa, ma decise che non avrebbe più parlato con nessuno dei suoi familiari, perché li odiava tutti.

Tornato a casa, senza rivolgere la parola a nessuno, andò in cucina, prese un pezzo di pane, una fetta di arrosto e si chiuse sdegnato in camera sua. Erano tutti stupefatti dal suo comportamento e soprattutto la mamma ci rimase male, ma poi pensò che Teddy fosse semplicemente stanco e che volesse dormire, così disse ai suoi fratellini che era meglio non disturbarlo.

Intanto Teddy, solo nella sua stanza, sentiva montargli sempre più la rabbia: nessuno, neanche la mamma, gli aveva chiesto com'era andata la sua esibizione o come mai fosse ritornato così tardi, nessuno si era preoccupato per lui.

Il giorno seguente Teddy scese per fare colazione, ma si

mise in un angolo, da solo, non rivolse la parola a nessuno e rispose con tono brusco e scortese alle domande dei fratellini e dei genitori.
Da quel giorno il piccolo Teddy non fu più il tenero e dolce orsetto di sempre, pronto ad aiutare i fratellini e la mamma e a giocare con loro in ogni occasione; diventò scorbutico, scostante e antipatico, cominciò a trattare tutti male, a rispondere a monosillabi o in modo arrogante e solo quando strettamente indispensabile, arrivando in breve tempo a litigare con tutti.
Dentro di sé era tanto arrabbiato, stava male e sentiva che nessuno lo poteva capire e aiutare; era arrivato alla conclusione che nessuno gli voleva veramente bene e che avrebbe dovuto affrontare la vita da solo.

Tutta la famiglia era molto preoccupata per il piccolo Teddy, che ogni giorno diventava più chiuso e litigioso ed era anche, naturalmente, sempre più solo, perché nessuno voleva stare con un orsetto così antipatico.
Un giorno la mamma decise di prendere da parte il piccolo Teddy e di cercare di capire che cosa gli stesse accadendo. Entrò in camera sua, si sedette sul suo lettino accanto a lui e gli chiese: «Tesoro, ma cosa ti succede? Come mai sei così scontroso e litigioso? Che cosa è successo?».
Il piccolo rispose: «Che cosa vuoi? Che cosa ti interessa? Tanto tu non mi vuoi bene, tu vuoi bene solo ai miei fratelli e di me non ti importa nulla!».
La mamma rimase molto stupita dalle sue parole e lo guardò sconcertata; gli fece altre domande cercando di capire come mai pensasse quelle cose.

Teddy, vedendo la mamma così turbata e triste, dopo un primo momento di silenzio, decise che forse era meglio dirle perché era così arrabbiato. Le raccontò della giornata del saggio, di come fosse rimasto male a non vedere i suoi

familiari e di quanto invece ci tenesse, di come si fosse arrabbiato e avesse pensato che a loro non importasse nulla di lui; e mentre raccontava cominciò a piangere sconsolato. La mamma allora lo abbracciò forte forte e gli spiegò quello che era accaduto al fratellino; e soprattutto si scusò tanto per non essere stata presente al saggio pur sapendo che per lui era così importante. Poi gli promise che avrebbero organizzato un altro concerto solo per lui, che avrebbero fatto le cose in grande, invitando tutto il paese, perché non solo la sua famiglia, ma anche tutti i compaesani ci tenevano molto a sentirlo suonare e gli volevano un bene immenso. Si abbracciarono ancora più forte, e a questo abbraccio parteciparono anche i fratellini e il papà, che sentendo quei singhiozzi disperati avevano raggiunto l'orsetto nella sua camera.
Tutti si scusarono con lui e lo riempirono di baci e coccole, contenti finalmente di riavere il loro Teddy di sempre, amorevole e affettuoso.
La mamma allora raccomandò a Teddy e ai suoi fratellini che se fosse capitata ancora una cosa del genere, se si fossero arrabbiati per qualsiasi cosa, avrebbero dovuto parlarne subito, perché ognuno di loro poteva contare sul suo aiuto, su quello del papà e degli altri fratelli, ma – ed è questa la cosa più importante da imparare – per essere aiutati bisogna saper chiedere aiuto.

Tutti capirono la lezione e soprattutto Teddy, che era stato così male, si era tanto arrabbiato e si era sentito tremendamente solo e mai più avrebbe voluto riprovare una così brutta sensazione e per così tanto tempo.

Lo spirito del Natale

TEMI

- La gioia.
- Lo spirito del Natale.
- L'amicizia.
- La condivisione delle esperienze.
- L'importanza di sapersi aiutare l'uno con l'altro.
- La condivisione dei bei ricordi.
- La solidarietà e il sostegno reciproco.

OBIETTIVI

- Imparare a riconoscere la gioia.
- Imparare a esprimerla in modo adeguato.
- Capire l'importanza dell'amicizia.
- Riconoscere l'importanza dell'aiuto reciproco.

SUGGERIMENTI PER ULTERIORI ATTIVITÀ

- Inventare e cantare insieme una canzoncina.
- Disegnare un momento felice.
- Inventare il 'gioco della felicità', prendendo spunto da ciò che rende felice il bambino; in questo modo lo si può aiutare a ritrovare la serenità quando è un po' triste.

SUGGERIMENTI PER UN APPROFONDIMENTO CON IL BAMBINO

- Condividere insieme i ricordi felici.
- Chiedere al bambino quale sia secondo lui la cosa che rende più felici.
- Indagare con il bambino il tema dell'amicizia.
- Pensare insieme a un momento negativo e a come si possa trasformarlo in positivo, attraverso un pensiero felice o un'attività o la canzoncina creata e cantata insieme.

C'era una volta nel bosco un piccolo villaggio nel quale abitavano i cuccioli di tutte le specie di animali: c'era il piccolo coniglietto, la piccola tartaruga, il piccolo leoncino, il piccolo elefantino...e tanti, tanti altri ancora.

Il giorno più felice dell'anno per questi cuccioli era sempre stato il 25 di dicembre, perché durante la notte arrivava Babbo Natale e lasciava sotto l'albero un mucchio di pacchetti colorati che contenevano le cose che più desideravano...
Una settimana prima i cuccioli si riunivano sotto il più grande albero della foresta e tutti insieme lo addobbavano con tante palline colorate, bacche, ghiande, nastri colorati e persino una grande stella cometa in cima alla punta.
Ci mettevano tutta la settimana a finire il lavoro, ma poi finalmente arrivava la mattina di Natale e i loro sforzi venivano ricompensati, perché sotto l'albero meravigliosamente addobbato trovavano tutti i pacchetti che Babbo Natale aveva portato per loro nella notte.

Quell'anno però i cuccioletti non erano stati molto bravi mentre addobbavano l'albero. Alla fine era venuto bello lo stesso, ma per un'intera settimana non avevano fatto altro che litigare e litigare su quali palline mettere, su dove mettere le bacche e su quali altri decori usare. Così ognuno aveva preferito fare di testa sua piuttosto che aiutare gli altri, e nonostante l'albero fosse bellissimo, loro non erano né contenti né soddisfatti, si tenevano l'un l'altro il broncio e l'atmosfera non era certo serena. Ma erano sicuri che il giorno dopo tutto sarebbe andato a posto e che sarebbero stati di nuovo contenti aprendo i meravigliosi pacchetti che avrebbe lasciato Babbo Natale.

Come ogni anno, la sera della Vigilia andarono a dormire elettrizzati all'idea di quello che li avrebbe aspettati al mattino. Non appena sorse il sole corsero fuori dalla loro casetta per andare a vedere che bei regali avessero ricevuto, ma... che brutta sorpresa! Sotto il loro albero non c'era nemmeno un pacchetto!

Delusi e tristissimi, iniziarono a darsi la colpa l'uno con l'altro, ricominciando a litigare furiosamente.

Le loro urla erano talmente forti che il folletto saggio del bosco accorse a vedere che cosa stava succedendo. I cuccioli, intimoriti, smisero immediatamente di litigare e si girarono tutti verso di lui. Nessuno osava più proferire una parola, solo il coniglietto, fattosi coraggio, gli chiese: «Gentile folletto, sai per caso dirci come mai non abbiamo ricevuto i nostri regali?».

Allora il folletto spiegò loro: «Cari cuccioletti, il fatto è che quest'anno avete perso completamente lo spirito del Natale!». «Che cosa?» chiesero i cuccioli, tutti in coro. «Sì,» disse il folletto «non vi siete ricordati qual è il vero valore del Natale, avete perso la gioia nei vostri cuori e non avete fatto altro che litigare, invece di volervi bene l'uno con l'altro e festeggiare insieme la vostra felicità! Per questo Babbo Natale questa volta non è venuto da voi».

Allora il piccolo elefantino, che era il più furbo di tutti, chiese: «Ma c'è un modo per ritrovarlo questo spirito natalizio?». Il folletto spiegò loro che un modo c'era: sarebbero dovuti andare tutti insieme al grande fiume, dove c'erano

le pietre magiche, e ognuno avrebbe dovuto cercare la sua pietra del ricordo felice.

I cucciolo ringraziarono il folletto e si misero subito in cammino per andare al fiume tutti insieme. Camminarono per ore e ore e finalmente arrivarono sulle sponde del grande fiume e si misero subito a cercare ognuno la propria pietra magica. Continuarono per tutta la giornata e poi anche per tutta la nottata, senza fermarsi mai, aiutandosi l'uno con l'altro, ma alla fine le trovarono tutte e poterono tornare al loro villaggio.
Appena arrivati a casa, la prima cosa che venne loro in mente fu quella di mettere le loro pietre dei ricordi felici sotto il grande albero e appena le ebbero depositate sentirono uno dopo l'altro il desiderio di raccontare agli amici il proprio ricordo felice.
Il coniglietto raccontò del suo primo compleanno quando gli fu regalata la più buona torta di carote che avesse mai assaggiato e che mangiò insieme con tutti i suoi amici; il leoncino raccontò della prima preda che riuscì a catturare tutto da solo, e di come era stato fiero e felice di condividere poi il bottino con tutti i suoi fratellini... E così a uno

a uno tutti raccontarono il loro ricordo felice e ognuno di loro era così contento di ascoltare il ricordo degli amici e poter raccontare loro la propria felicità che passarono tutta la notte così, e alla fine stanchissimi si addormentarono sotto l'albero senza nemmeno accorgersene.

Che sorpresa quando aprirono gli occhi la mattina seguente! Accanto a loro, sotto il grande albero, c'erano tantissimi regali, tanti quanti non ne avevano mai ricevuti nella loro vita!

Insieme ai regali c'era un messaggio che diceva: «Vi siete meritati di essere ancora più felici, perché siete riusciti a ritrovare lo spirito del Natale e la gioia immensa di stare insieme e condividere i momenti felici!».

Per i cuccioletti fu la giornata più bella della loro vita, e non solo per i regali, ma perché avevano imparato l'importanza e la bellezza della felicità stando insieme con i loro amici!

Le avventure del topolino Gigio

TEMI

- Gli scherzi, prendere in giro ed essere presi in giro.
- La rabbia, la solitudine e la tristezza.
- L'incapacità di esprimere ciò che si prova.
- L'importanza di affrontare le situazioni difficili con l'aiuto degli altri.
- L'importanza del non far del male agli altri.
- L'importanza dell'amicizia e di gestire le difficoltà con gli amici.

OBIETTIVI

- Riconoscere le varie emozioni in sé e negli altri.
- Esprimere le emozioni in modo adeguato.
- Gestire le situazioni di difficoltà con l'aiuto degli altri.
- Imparare l'importanza del rispetto degli altri e a parlare di ciò che si prova piuttosto che agire in modo aggressivo.

SUGGERIMENTI PER ULTERIORI ATTIVITÀ

- Proporre al bambino di disegnare l'episodio della fiaba che lo ha colpito di più, per comprendere quale emozione sia in lui prevalente in questo momento, e se ha difficoltà a esprimerla o a gestirla.

- Creare con il bambino una specie di collage delle varie emozioni in cui rappresentare che cosa le provochi, come vengano espresse e quali conseguenze possano provocare.
- Proporre al bambino di impersonificare il protagonista della fiaba, di creare un finale diverso e di esprimere in modo concreto le sue emozioni. Da ciò che emerge si può sviluppare un dialogo che porti a capire le motivazioni dell'interpretazione del piccolo per comprendere meglio ciò che prova.

SUGGERIMENTI PER UN APPROFONDIMENTO CON IL BAMBINO

- Chiedere al bambino quale sia l'emozione che gli piace di più e quella che gli piace di meno, e perché.
- Chiedergli come esprime le varie emozioni.
- Chiedergli se gli capiti di essere preso in giro e che cosa prova.

C'era una volta in un villaggio lontano lontano un piccolo topolino di nome Gigio. Era il topolino più piccolo di tutti ma, in compenso aveva delle orecchie enormi! Tutti i suoi compagni di classe lo prendevano in giro e lo chiamavano 'Gigio il Topolino Volante', 'Gigio Tutt'Orecchie' e con altri mille altri nomignoli poco simpatici.

Gigio ci rimaneva male ma non voleva che si capisse, allora si vendicava facendo dispetti a tutti: metteva la colla sulle sedie dei compagni, lanciava fialette puzzolenti quando erano tutti in fila per andare a pranzo, infilava insetti schifosi nel cibo dei suoi vicini di tavola e via dicendo. I compagni non ne potevano veramente più di questi suoi scherzi, allora un giorno si riunirono e decisero di farne uno a lui: al prossimo scherzo di Gigio la 'vittima' avrebbe fatto finta di farsi veramente male, così il topolino si sarebbe spaventato e finalmente gli sarebbe passata la voglia di prendersi gioco di tutti quanti.

Pochi giorni dopo Gigio mise in atto l'ennesimo scherzo: stese di nascosto un filo invisibile in corridoio così che il poveretto che fosse passato per primo in quel punto avrebbe fatto un bel capitombolo, facendo una figura ridicola davanti a tutti; le risate non sarebbero mancate!

Ma non andò proprio così, perché quando il suo compagno Gerry inciampò nel filo e cadde per terra fece finta di farsi tanto, ma tanto male... Gigio si spaventò moltissimo, perché non era quello lo scopo del suo scherzo: lui non avrebbe mai voluto fare del male a nessuno!

Da quel giorno Gigio smise di fare scherzi e si isolò sempre di più. Se ne stava quasi sempre da solo fra i rami di un

albero in mezzo al bosco, convinto che tanto nessuno avrebbe più voluto stare con lui e che tutti lo avrebbero giudicato negativamente perché per colpa sua qualcuno si era fatto molto male.

Un pomeriggio alcuni suoi compagni facendo una passeggiata si trovarono a passare proprio sotto l'albero dove si nascondeva Gigio. Il topolino li sentì raccontare tra le risate di come si fossero presi gioco di lui facendogli credere che Gerry si fosse fatto veramente male. Gigio allora, infuriato, in un battibaleno scese dall'albero e tirò un pugno sul naso del primo compagno che gli capitò a tiro: il poveretto non ebbe nemmeno il tempo di reagire e si ritrovò in ospedale con il naso rotto!

Questa volta Gigio era stato veramente cattivo e nessuno di loro volle avere più nulla a che fare con lui, perché ormai avevano tutti paura che potesse fare ancora del male a qualcuno. Ma Gigio era disperato, aveva agito d'impulso, lui non aveva pensato di poter fare veramente male a quel povero topino, voleva solo dargli una lezione perché lo avevano preso in giro, ma non voleva certo far finire nessuno all'ospedale!

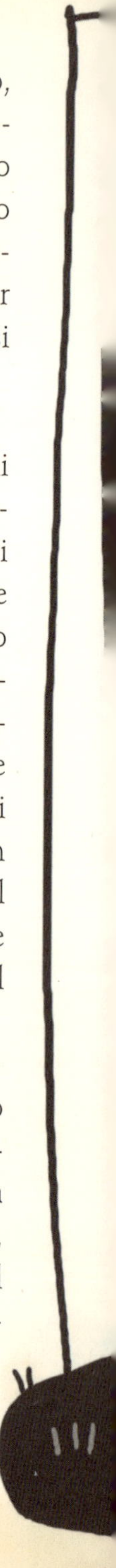

Decise che non sarebbe più andato a scuola e che sarebbe rimasto da solo per sempre, perché tanto nessuno avrebbe più voluto stare con lui: si era comportato così male che nessuno avrebbe più voluto essere suo amico.

Un giorno, mentre se ne stava a piangere solo e triste nel suo rifugio sull'albero, da un buchetto sul tronco proprio vicino a lui fece capolino uno scoiattolino che gli chiese: «Ehi tu, topolino triste, perché piangi?».
Subito Gigio gli gridò di andarsene via e di lasciarlo in pace... Poi però si pentì di avergli risposto in quel modo scortese perché era stufo di stare da solo e di trattare tutti male, allora lo richiamò, gli chiese scusa e gli raccontò che cos'era successo e di come tutta quella faccenda lo facesse stare tanto male.
Lo scoiattolino, che aveva tanti fratelli e quindi sapeva bene come andavano queste cose, gli disse che secondo lui la cosa migliore da fare era raccontare tutto quello che provava ai suoi compagni. Lo rassicurò circa il fatto che loro avrebbero capito e che tutto si sarebbe risolto nel modo migliore.

Gigio seguì il saggio consiglio dello scoiattolino: tornò nel villaggio e chiese a quelli che una volta erano i suoi compagni e amici di ascoltare quello che aveva da dire loro. Spiegò che gli dispiaceva di essersi comportato così male, e che lo aveva fatto perché non gli piaceva essere preso continuamente in giro, ma che quando era stato lui la vittima degli scherzi, aveva capito quanto potessero fare male e come sia sbagliato prendersi gioco delle altre persone e farle soffrire. Chiese scusa ai compagni, i quali a loro volta si scusarono con lui.

Allora si fecero una solenne promessa: se mai avessero avuto qualche problema l'uno con l'altro se lo sarebbero detto, non avrebbero tenuto tutto dentro.
Così da quel giorno niente e nessuno riuscì più a dividere quel gruppo di amici perché appena succedeva qualcosa se lo dicevano e facevano in modo di aiutarsi l'uno con l'altro.
Diventarono inseparabili compagni di giochi, divertimento e non solo, tanto che tutti li chiamarono i 'topolini inseparabili'.

Trillina
la tigrotta perfettina

TEMI

- L'ansia e la paura di sbagliare.
- La mancanza di fiducia in se stessi.
- La ricerca della perfezione.
- La paura del giudizio degli altri.
- La frustrazione per i fallimenti.
- La capacità di accettare i propri errori.
- L'importanza dell'autostima.

OBIETTIVI

- Accettare di non essere perfetti e la possibilità di fallire.
- Imparare a gestire l'ansia, anche con l'aiuto degli altri.
- Imparare a credere in se stessi.
- Imparare a tollerare le frustrazioni.

SUGGERIMENTI PER ULTERIORI ATTIVITÀ

- Proporre al bambino di impersonificare il protagonista della fiaba e di creare un finale diverso, e osservare come si comporta concretamente nelle situazioni che provocano ansia.

- Proporre al bambino di disegnare ciò che gli crea ansia e discuterne insieme per aiutarlo a gestirla.
- Se il bambino esprime un livello elevato di ansia, aiutarlo a placarla rivivendo insieme con lui le situazioni che l'hanno provocata, spiegandogli che con l'aiuto di un adulto si può riuscire a gestirle.

SUGGERIMENTI PER UN APPROFONDIMENTO CON IL BAMBINO

- Chiedere al bambino che cosa gli crea più ansia, come si sente quando è preda di questa emozione e come vi reagisce.
- Stimolarlo a esprimere i sentimenti che prova quando gli capita di fallire, facendogli capire che sbagliare è normale, che succede anche agli adulti, e che accettare di poter sbagliare è molto importante.
- Spiegargli che non gli si chiede di essere perfetto.
- Aiutarlo a riconoscere le sue qualità e i suoi lati positivi.

C'era una volta una tigrotta di nome Trillina. Appena nacque, il suo papà e la sua mamma, guardandola, capirono subito che si trattava di una cuccioletta davvero speciale: era bellissima con le sue striature perfette sul manto, occhi di un azzurro intenso e un musetto simpaticissimo.
Fin dai primi mesi di vita, Trillina era ammiratissima, tutti le volevano bene e la consideravano un'amica speciale perché era veramente simpatica, gentile, affettuosa e con lei ci si divertiva tantissimo.
Riusciva bene in tutto e con un'estrema facilità, le bastava impegnarsi un po' e portava a termine ogni cosa in modo perfetto.
La mamma la elogiava per come era brava nell'aiutarla in casa, il papà si complimentava con lei per la sua stupefacente abilità nella caccia e i suoi amici la stimavano per quanto riuscisse bene in tutti i giochi.
Qualsiasi cosa dovesse fare, qualunque fosse il suo compito, anche il più complicato, lei si metteva lì e zac... in un attimo era tutto fatto e risolto perfettamente, senza nemmeno che avesse dovuto pensarci su troppo.

Arrivò poi il momento di cominciare la scuola. Anche la piccola Trillina, come tutti i cuccioletti della sua età, dovette smettere di pensare solo a giocare e a divertirsi, e iniziare a studiare per imparare tante cose nuove che le potessero servire per diventare grande nel miglior modo possibile.

Ma Trillina, quando stava in classe, si guardava intorno con un'aria piuttosto annoiata; le mancavano tanto quelle belle scorrazzate in mezzo alla savana con i suoi amici, le mancava la sensazione di essere libera di fare quello che voleva

e quando voleva... In più c'erano quei noiosissimi compiti da fare tutti i giorni. Insomma, le sembrava che il tempo del gioco e del divertimento fosse finito per sempre. Decisamente a Trillina la scuola non piaceva per niente, ma soprattutto quello che proprio non le andava giù era il fatto di dover essere valutata per i risultati che otteneva.
Infatti la piccola tigrotta, che era abituata ad andare a genio a tutti e a essere considerata bravissima in tutto, a scuola non riusciva a raggiungere gli stessi ottimi risultati. E questo non poteva proprio accettarlo!

Ma come mai, che cosa le era successo? Era successo che dal primo compito consegnato, nel quale aveva ottenuto una votazione scarsa, non si era più ripresa dalla brutta sensazione di essere stata giudicata negativamente e ora, ogni volta che doveva fare un compito o qualcosa di nuovo, sentiva crescere dentro di lei una sensazione di grande agitazione e udiva una voce che le sussurrava: «Non ce la farai, non sei abbastanza brava!».
Così lei non si sentiva mai all'altezza della situazione e la paura di fallire era tale che la bloccava e le impediva di dare il meglio di sé.
Più i giorni passavano, più in Trillina cresceva l'ansia per quello che doveva fare, per la paura che tutti scoprissero che non era più così in gamba. Le cose andavano di male in peggio, e la fiducia in se stessa e nelle proprie capacità diminuiva sempre più.
A volte si arrampicava sulla sua roccia preferita e rimaneva lì da sola a pensare: «Ma com'è possibile che io, proprio io, la tigrotta più brava di tutti, ora non riesca più in niente? Com'è possibile che ora siano tutti più bravi di me?». E ogni volta che se ne stava assorta in questi pensieri, dei grossi

lacrimoni le scendevano dai suoi bellissimi occhi azzurri, che oramai erano sempre tristi.

Ma non era solo a scuola che Trillina non otteneva più buoni risultati; a poco a poco non riusciva più nemmeno a vincere nei giochi con gli amici, quando aiutava la mamma in casa le capitava sempre più spesso che le sfuggissero i piatti dalle mani e che si frantumassero per terra, e le prede le scappavano da sotto il naso quando cacciava con papà.
Questo le succedeva perché il timore di non essere più la tigrotta migliore, la preoccupazione di poter fallire l'avevano fatta cadere in preda a una tale ansia da impedirle di concentrarsi su quello che stava facendo. Perciò, inesorabilmente, falliva.
Giorno dopo giorno Trillina si sentiva sempre più triste e incapace. Non voleva nemmeno stare più con i suoi amici, per paura di essere giudicata male o di essere presa in giro.

Un giorno la piccola tigrotta si trovava da sola sulla sua roccia preferita, quando a un certo punto le apparve una luce fortissima; stava per scappare dallo spavento, quando fu bloccata dal suono di una voce gentile che le diceva: «Ciao Trillina, io sono la fatina Antiperfettina» e davanti a lei comparve una fatina piccola piccola, e alquanto bruttina, ma la sua voce era dolce e gentile e Trillina rimase lì incantata ad ascoltarla. La fatina continuò: «So che hai un grosso problema, non riesci più a fare bene le cose perché hai troppa paura di sbagliare e l'ansia non ti permette di ottenere i risultati brillanti che vorresti».
Trillina allora, un po' titubante, annuì, non capendo bene cosa volesse da lei quell'esserino così strano. «Io sono qui per aiutarti,» disse ancora la fatina «ti darò una pozione ma-

gica che potrai usare tutte le volte che dovrai fare un compito. È talmente potente che non potrai più fallire in niente!». La piccola tigrotta, sbalordita ma contenta, accettò la pozione e, riconoscente, ringraziò la fatina per lo straordinario aiuto che le offriva.

Poi, in un attimo, la fatina scomparve e Trillina rimase per un po' sulla sua roccia preferita pensando a come avrebbe potuto sperimentare subito la pozione magica e all'improvviso ebbe un lampo di genio... poteva provarla andando a giocare con i suoi amici.
Si precipitò al campetto dove i tigrotti stavano giocando ad 'Acchiappa il topino'. «Ci sono anch'io!» disse, e subito bevve un sorso della pozione... in men che non si dica aveva già catturato il topino! Era felicissima, ma dentro di sé pensava che forse era stato solo un caso, un colpo di fortuna e così decise che il giorno dopo avrebbe riprovato a usare la pozione magica in occasione del compito in classe.

La mattina seguente arrivò a scuola e prima di cominciare a fare il compito bevve un sorso della pozione: finì in un lampo, e prese anche il massimo dei voti! Trillina era veramente felice e in cuor suo pensava di essere la tigrotta più fortunata del mondo, aveva finalmente in mano la magia che l'avrebbe resa di nuovo la miglior tigrotta di tutta la foresta!
Tutte quelle sensazioni brutte che aveva provato, la preoccupazione, l'ansia, la paura di fallire erano svanite e Trillina era finalmente ritornata a essere la tigrotta allegra e simpatica di sempre... aiutava la mamma a casa, cacciava con il papà, giocava con gli amici e andava benissimo a scuola e soprattutto era veramente soddisfatta di se stessa.

Un giorno, prendendo tra le zampe la boccetta della pozione, Trillina si rese conto che era quasi finita. L'ansia, l'agitazione e la preoccupazione la bloccarono di nuovo. «Che cosa farò senza la pozione? Non voglio tornare a essere come prima!». Mentre stava pensando queste cose, le apparve la fatina Antiperfettina, con la sua voce dolce e gentile. Trillina le chiese se avesse dell'altra pozione da darle, perché lei non voleva più tornare a essere la fallita di prima, e con tutta tranquillità la fatina le rispose: «Quale pozione? Quel succo di mirtilli che ti ho dato la volta scorsa? Guarda che lo puoi trovare ovunque, puoi persino chiederlo alla mamma».

La tigrotta non riusciva a capire, era sbalordita dalle parole della fatina, che continuò: «Quella che ti ho dato non era affatto una pozione magica, volevo solo che tu smettessi di pensare che non ce l'avresti fatta e di essere una fallita, volevo che tornassi a credere nelle tue capacità, perché ne hai tante e devi solo aver fiducia in te stessa per riuscire bene... come hai potuto constatare dai risultati che hai ottenuto in questa settimana, e senza nessuna magia. La finta pozione serviva solo a farti smettere di pensare in negativo e a far svanire l'ansia che ti bloccava. Ora che hai capito come vanno le cose, posso lasciarti, perché finalmente hai avuto la prova che sei una tigrotta che vale e che ti basta crederci per riuscire bene in tutto quello che vuoi».

Trillina, ancora un po' disorientata dalle parole della fatina, la salutò e se ne tornò alla sua roccia preferita a pensare a ciò che le era appena accaduto. Allora capì che quella che lei credeva una pozione magica le aveva tolto la paura di sbagliare e la paura del giudizio degli altri, così l'ansia l'aveva abbandonata e in questo modo era riuscita a tornare una tigrotta felice e contenta.

Da allora Trillina non cercò più di essere perfetta e anche se a volte sbagliava, non se ne preoccupava troppo, perché sapeva di valere ugualmente e che i suoi amici e la sua famiglia le avrebbero voluto bene comunque e che, magari anche con il loro aiuto, la volta prossima avrebbe fatto meglio...

Le emozioni degli amici cuccioletti

TEMI

- La paura e la tristezza.
- La rabbia.
- L'ansia.
- L'importanza di riconoscere le emozioni, di saperle esprimere e gestire con l'aiuto degli altri.
- L'amicizia e la condivisione di esperienze ed emozioni.

OBIETTIVI

- Ripercorrere le varie emozioni e gli argomenti delle fiabe precedenti per una maggiore chiarezza sul tema delle emozioni.
- Capire che parlare di ciò che si prova è importante.
- Capire l'importanza di chiedere aiuto quando si è in difficoltà.

SUGGERIMENTI PER ULTERIORI ATTIVITÀ

- Chiedere al bambino di impersonificare il personaggio che gli è piaciuto e la relativa emozione; questo ci aiuterà a capire quale delle emozioni lo coinvolge maggiormente e come il bambino riesce a esprimerla e a gestirla.
- Proporre al bambino di disegnare dei volti che esprimano le

varie emozioni, per vedere se è in grado di diversificarle in modo adeguato.

- Cercare insieme al bambino delle foto o delle immagini in cui siano ben espresse le emozioni e chiedergli di individuarle; sceglierne una e inventare insieme una storia che racconti che cosa possa averla suscitata, trovando insieme il finale.

SUGGERIMENTI PER UN APPROFONDIMENTO CON IL BAMBINO

- Chiedere al bambino quale sia l'emozione che gli piace di più, quale di meno e perché.
- Chiedere al bambino come reagisce alle diverse emozioni e fargli capire che quando si trova in difficoltà può sempre chiedere aiuto.
- Chiedere al bambino come reagisce alle emozioni altrui, se ce n'è qualcuna che lo infastidisce e perché.

Era finalmente arrivato il grande giorno nella foresta di Rosporè: il giorno della grande riunione degli animali provenienti da tutto il mondo!
Era una festa stupenda! Ogni anno gli animali si riunivano per conoscersi e raccontarsi le esperienze vissute, ed era una giornata meravigliosa soprattutto per i cuccioli, che potevano così passare un po' di tempo insieme, giocare a più non posso e divertirsi un mondo.
Nella foresta tutta addobbata con festoni colorati ogni famiglia portava un sacco di cose buone da mangiare per rendere ancora più lieta questa giornata così speciale.

E fu così che in occasione di questo ritrovo si incontrano anche il piccolo gattino Tippy, il cucciolotto Scricciolo, l'orsetto Teddy, il topolino Gigio e la tigrottina Trillina; fra loro nacque subito una forte simpatia. Cominciarono immediatamente a giocare insieme e a correre su e giù per il bosco, si fecero scherzi, si divertirono, risero... finché, stanchi e affamati, si sedettero sotto un albero, presero le loro succulente provviste e si misero allegramente a mangiare tutti e quattro insieme.
Quando ebbero finito di mangiare, si sdraiarono soddisfatti e iniziarono a parlare della loro vita.

Tippy raccontò di quella volta che aveva dovuto affrontare l'enorme paura che aveva dei topi, ma che poi aveva deciso di parlarne con la mamma che l'aveva aiutato a diventare un gattino più coraggioso.
Scricciolo parlò della tremenda tristezza che aveva provato quando era stato abbandonato e di come l'aiuto della grande quercia e il fatto di aver trovato tanti amici gattini con cui divertirsi e giocare lo avessero fatto stare meglio e

soprattutto narrò dell'aiuto fondamentale che gli avevano dato per ritrovare il suo padroncino Tommy.
Teddy raccontò della sua rabbia, una rabbia così furiosa che l'aveva portato a starsene sempre da solo e a comportarsi male con tutti quanti, fino a quando parlandone con la mamma e con gli amici aveva capito il motivo del suo malessere, e così era riuscito a superare le sue difficoltà e ad avere di nuovo tanti amici intorno a lui.
Gigio raccontò delle incomprensioni con i compagni che lo prendevano in giro e degli scherzi stupidi che lui stesso faceva, di come era rimasto solo, triste e senza più amici perché non sapeva dire nel modo giusto quello che sentiva e chiedere aiuto quando ne aveva bisogno, ma che poi an-

che lui aveva imparato a esprimere i suoi sentimenti e così aveva recuperato tutti i suoi amici ed era ritornato felice e contento.
Infine Trillina narrò dell'incredibile ansia che le impediva di fare le cose che voleva e di stare bene con gli altri e con se stessa, un'ansia che le veniva perché aveva paura di fallire, di non essere perfetta. Ma poi aveva scoperto che sbagliare non era poi così male, anzi le era di aiuto per imparare a fare le cose ancora meglio.
Quando ebbero finito di raccontare le loro avventure si sentirono tutti più sollevati e soprattutto contenti di aver condiviso le loro esperienze e di aver trovato nuovi amici con cui parlare e giocare.

Allora si misero a discutere su quanto avevano imparato dai racconti che si erano fatti e conclusero che a tutti può capitare di stare male, così come a tutti può capitare di non comportarsi bene a causa di quello che ci si sente dentro, a causa di quelle che i grandi chiamano 'emozioni', che crescono in noi e ci fanno sentire come dei vulcani o come dei frullatori e comportare come dei dinosauri o dei coccodrilli o ci fanno scappare a nasconderci...

Insomma, capirono che ciascuno si comporta in maniera differente quando sente queste emozioni e che anche il modo di esprimerle è diverso. Ma la conclusione più importante a cui arrivarono fu che, quando si sente questo enorme peso dentro, l'unica cosa che può aiutare ad alleggerirlo e a farci stare meglio è raccontare quello che si prova, perché se si porta un peso in due questo risulterà più leggero.

Condividere le emozioni con le persone a cui si vuole bene aiuta davvero molto... anzi moltissimo.

Allora i cinque amichetti ritornarono a giocare felici e contenti e dopo essersi divertiti per tutta la giornata, quando arrivò il momento di salutarsi per tornare a casa, si fecero una promessa: decisero che se mai si fossero trovati di nuovo in difficoltà, se avessero avuto paura, provato tristezza o rabbia, avrebbero affrontato tutto questo insieme, si sarebbero cercati e si sarebbero confidati tutto quanto, perché avevano capito che non essere soli quando si sta male e farsi aiutare è la cosa più bella del mondo!

Il lupetto Pepito

TEMI

- La diversità.
- La mancanza di fiducia in se stessi.
- La ricerca della perfezione.
- La paura del giudizio degli altri.
- La frustrazione per l'essere diversi.
- La capacità di accettarsi.
- L'importanza dell'autostima.

OBIETTIVI

- Accettare di non essere perfetti.
- Accettare la possibilità essere diversi.
- Imparare a gestire tristezza e rabbia, anche con l'aiuto degli altri.
- Imparare a credere in se stessi.
- Imparare a tollerare le frustrazioni.

SUGGERIMENTI PER ULTERIORI ATTIVITÀ

- Proporre al bambino di impersonificare il protagonista e di inventare un nuovo finale; quindi osservare come si comporta concretamente nelle situazioni in cui si sente arrabbiato e triste.

- Proporre al bambino di disegnare ciò che gli crea tristezza o lo fa arrabbiare e discuterne insieme per aiutarlo a gestire queste emozioni.
- Se il bambino esprime un livello elevato di tristezza o di rabbia rivivete con lui le situazioni che gli provocano tali emozioni, facendogli capire che con l'aiuto di un adulto è più facile gestirle.

SUGGERIMENTI PER UN APPROFONDIMENTO CON IL BAMBINO

- Chiedere al bambino che cosa gli crei più tristezza o rabbia, come si sente e come reagisce quando è preda di queste emozioni.
- Aiutare il bambino a dire quali siano i sentimenti che prova quando si sente diverso e fargli capire che in realtà ognuno di noi è un po' diverso e soprattutto unico.
- Cercare di far capire al bambino che non gli si chiede di essere perfetto, nessuno lo è, e che non sarebbe poi così bello esserlo, aiutandolo a riconoscere le sue qualità per accrescerne l'autostima.

In un villaggio lontano lontano viveva un branco di lupi con tutti i suoi lupetti. Il villaggio si trovava nel bel mezzo di una foresta fitta di piante e ricca di frutti delle specie più strane. I lupi avevano tutti un soffice manto folto, lucido e nero. Tutti meno uno: Pepito, il cui pelo, contrariamente al resto del branco, era chiaro e lucente.
Pepito era albino, cioè era nato con un pelo completamente bianco e con gli occhi rossi come un rubino che spiccavano in mezzo al candore del manto. Fin da piccolissimo si era reso conto di essere diverso da tutti gli altri, e questo gli pesava moltissimo. Spesso gli amici lo prendevano in giro affettuosamente, e anche i genitori ridevano teneramente della sua diversità. Tutti comunque gli volevano bene, perché Pepito, seppure diverso, era un lupetto molto simpatico e gentile.

Quando Pepito divenne grandicello e iniziò a essere più indipendente, si innamorò perdutamente di una sua compagna di giochi: Serenella. Lei era bellissima, con quel suo manto nero e gli occhi verdi smeraldo. Finalmente un giorno Pepito prese il coraggio di chiederle se voleva fidanzarsi con lui, ma Serenella era una lupacchiotta piuttosto selvatica e non voleva avere legami con nessuno, così rifiutò la dolce e timida proposta di Pepito.
Il lupetto ci rimase molto male, era triste e arrabbiato con se stesso perché era convinto che il rifiuto di Serenella dipendesse dal fatto che lui era diverso. Continuando a rimuginare sul suo amore non corrisposto, si andò sempre più convincendo che proprio quel suo manto candido e gli occhi rosso rubino fossero la causa di tutto, non piacevano a nessuno ed erano disprezzati da tutti. «Nessuno mi vuole e nessuno mi vuole bene,» pensava sconsolato. «D'altronde, come dargli torto, sono orribile».

Ma ecco che un giorno sentì dire che c'era una fata, la fatina Desiré, che era in grado di soddisfare i desideri dei lupi più audaci, cioè quelli capaci di superare le insidie della foresta per giungere fino al suo rifugio, e pensò che forse lei avrebbe potuto risolvere i suoi problemi. Così, non riuscendo più a sopportare la propria diversità, si armò di coraggio e partì alla ricerca della fata.
Attraversò paludi e deserti, scalò montagne, guadò fiumi profondi e minacciosi, superò ostacoli che sembravano insormontabili... e finalmente, dopo quel viaggio lunghissimo e terribilmente faticoso, riuscì a scorgere in lontananza una piccola casetta in cima a un albero, tutta addobbata a festa e scintillante di mille luci multicolori.
Stanco e affamato, prese il coraggio a due mani, e bussò alla porticina della casetta. Dall'interno si udì una vocina stridula: «Ciao Pepito! Finalmente sei arrivato... era tanto che ti aspettavo». Il lupetto, stupito dal fatto che la fata conoscesse il suo nome, entrò e le chiese: «Fatina Desiré, come fai a conoscermi? Chi ti ha parlato di me?». La fatina gli rivelò che lui era un lupetto famoso in tutta la foresta proprio perché era così tanto diverso da tutti.
Pepito allora, di fronte a una cioccolata calda, preparata gentilmente dalla fatina, le raccontò di come era triste e arrabbiato perché si sentiva tanto diverso da tutti e pensava che nessuno avrebbe mai potuto amarlo per come era. Desiré lo ascoltò con attenzione e gli disse: «Caro Pepito, lo so che non è facile sentirsi diversi, ma sono convinta che tutti i lupi del branco ti vogliano bene per quello che sei, un lupetto dolce e simpatico, e credo anche che sia proprio la tua diversità a renderti unico e ben considerato!». Ma le parole della fatina non lo convinsero affatto e non riuscirono a fargli cambiare idea, perciò la supplicò di esaudire il suo

più grande desiderio: diventare come tutti gli altri lupi, con il pelo nero e lucente e gli occhi verdi smeraldo.

La fatina non poteva certo ignorare quella richiesta tanto disperata, e allora, seppur a malincuore, gli disse: «Dolce Pepito, se proprio non puoi farne a meno, esaudirò il tuo desiderio. Non devi far altro che andare alla fonte incantata, bere tre sorsi della sua limpida acqua, fare tre capriole e gridare forte forte: 'Un lupo nero voglio diventare e nessuno me lo potrà vietare!'».
Il lupacchiotto e Desiré si salutarono calorosamente e Pepito, pieno di speranza e di gratitudine, si allontanò dalla casetta della fatina per andare alla ricerca della fonte incantata. Cammina, cammina, arrivò finalmente nei pressi di una grande roccia da cui zampillava una scintillante acqua fresca: era giunto a destinazione. Allora fece come la fatina gli aveva detto, bevve tre bei sorsi d'acqua, fece tre capriole e gridò a più non posso: «Un lupo nero voglio diventare e nessuno me lo potrà vietare!». Ed ecco, che in un battibaleno si ritrovò con un bel manto nero e lucido e con due grandi occhi verdi smeraldo.
Fiero del suo nuovo aspetto, si rimise in cammino, non vedendo l'ora di farsi ammirare da tutti.

Giunto al villaggio, però, ebbe una spiacevole sorpresa: nessuno lo riconosceva più, nessuno parlava più o scherzava con lui come succedeva sempre prima. Nessuno lo riteneva più un lupetto speciale e unico...
Pepito ci rimase molto, ma molto male, e, con il passare del tempo, capì che in fondo era bello essere unici, e finì col rimpiangere gli scherzi affettuosi dei compagni e le risate con i propri genitori.

Triste e sconsolato, tutte le sere si addormentava piangendo in silenzio, ma ecco che una notte gli apparve in sogno la fatina Desiré che gli disse: «Hai visto Pepito caro? Essere diversi non è poi così male, essere unici è un pregio, non un difetto. Spero che tu abbia capito quanto tutti i lupi e i lupetti del tuo villaggio ti volessero bene per quello che eri...».
Pepito si svegliò di soprassalto, aprì gli occhi e quale fu la sua meraviglia nello scoprire che era tornato di nuovo tutto bianco e con i suoi bellissimi occhi rossi rubino. «Beh! Sono davvero contento di essere tornato quello che ero, diverso, ma anche unico!» esclamò soddisfatto Pepito.
Felice, corse a farsi vedere da mamma e papà e da tutti i suoi amici che fecero una grande festa in suo onore per dimostrargli tutto il loro affetto e la grande gioia di riaverlo fra loro così com'era.
Anche Serenella, la lupacchiotta selvaggia, ne fu felice e... ma questa è un'altra storia!

Lillo, Millo e la scuola

TEMI

- L'ingresso a scuola o all'asilo.
- La difficoltà di rispettare le regole.
- La difficoltà di mantenere un comportamento corretto a scuola.
- La difficoltà di concentrarsi.
- L'importanza della scuola e dell'imparare.
- La crescita e le responsabilità.
- L'invidia.
- L'ansia da prestazione.

OBIETTIVI

- Imparare che non si può fare sempre quello che si vuole.
- Imparare a rispettare la disciplina e le regole.
- Imparare a gestire il proprio comportamento.
- Imparare a credere in se stessi.
- Imparare a tollerare le frustrazioni.
- Imparare a concentrarsi e a stare attenti.
- Imparare a impegnarsi in quello che si fa.

SUGGERIMENTI PER ULTERIORI ATTIVITÀ

- Proporre al bambino di impersonificare il protagonista e di inventare un nuovo finale, e poi osservare come si comporta nelle situazioni che implicano il rispetto di regole.

- Proporre al bambino di disegnare quello che non gli piace della scuola e discuterne con lui.
- Se il comportamento che il bambino tiene a scuola non è adeguato, cercare di farsi spiegare da lui le motivazioni.

SUGGERIMENTI PER UN APPROFONDIMENTO CON IL BAMBINO

- Chiedere al bambino che cosa non gli piace della scuola.
- Aiutare il bambino a parlare dei sentimenti che prova quando a scuola si sente frustrato.
- Cercare di far capire al bambino l'importanza della scuola, dell'istruzione e del rispetto delle regole.
- Cercare di aiutare il bambino a riconoscere le sue qualità e i suoi lati positivi per fare in modo che aumenti la fiducia in se stesso.

Lillo e Millo erano due cagnolini gemelli: tutti e due neri, con il musetto ricoperto da piccole macchioline bianche che davano loro un aspetto molto simpatico.
I due gemellini erano identici: stesso colore del pelo, stesse chiazze chiare, stessi occhi color nocciola; differivano solo per una macchiolina che avevano sotto la pancia: quella di Lillo era a forma di falce di luna, quella di Millo a forma di mela.
I due fratellini andavano molto d'accordo, si divertivano a giocare insieme e combinavano tanti disastri, ma mamma e papà erano fieri dei loro bellissimi cuccioli a cui volevano molto bene.
Ma quando raggiunsero l'età per andare a scuola, per la prima volta non poterono più passare tutta la giornata insieme

perché furono messi in due classi separate: Lillo, che era il più diligente e tranquillo, fu messo nella I A, con una maestra alle prime armi, giovane e simpatica, mentre Millo, che era più discolo e monello, fu messo nella I B, con una maestra più esperta e severa.

Millo era molto invidioso del fratellino perché gli sembrava che la sua maestra fosse più simpatica e che nella sua classe si svolgessero attività più divertenti di quelle che si facevano nella sua e perché spesso andavano al fiume a giocare; nella sua classe, invece, la maestra era così severa che sembrava sempre arrabbiata, e non li faceva mai giocare.
La scuola era appena iniziata e Millo già non ne poteva più di andarci, era dura per lui stare lontano dal fratellino e dover stare fermo per ore seduto ad ascoltare una maestra che spiegava cose difficili che a lui non interessavano per niente.
Così un giorno gli venne un'idea: lui e Lillo avrebbero potuto scambiarsi: lui sarebbe andato nella classe di Lillo e Lillo nella sua, tanto nessuno, a parte i loro genitori, riusciva mai a distinguerli; sarebbe stato divertente. Ma la cosa che interessava veramente Millo era provare come si stava nella classe del suo gemello fortunato, perché era convinto che lì sarebbe stato tutto molto più semplice e divertente.
Lillo, che era un fratellino generoso, acconsentì a effettuare lo scambio, tanto era solo per un giorno.

La mattina successiva, si svegliarono prestissimo, elettrizzati alla prospettiva di quella giornata in cui avrebbero attuato il loro piano. Arrivati a scuola, Lillo e Millo entrarono in classe, ma ognuno in quella dell'altro. Nessuno se ne accorse.

Lillo si trovò benissimo, le lezioni si svolgevano in un silenzio a cui lui non era abituato ed era più facile stare attenti. Beh, sì, la maestra era un po' più severa della sua, ma era anche molto brava a spiegare e lui era contento di poter apprendere tante cose nuove.
Millo, invece, non si trovava affatto bene nella classe del fratello: c'era troppa confusione, tutti chiacchieravano e se ne andavano in giro per l'aula senza nessuna regola; c'erano poi dei compagni che passavano il tempo a fare dispetti e sembrava che fosse sempre il momento della ricreazione, e infatti la maestra non riusciva a farsi ascoltare quando spiegava.
Proprio quel giorno però venne fatta la visita medica, e i medici rilevarono quella piccola differenza che li distingueva; da quel momento tutti avrebbero saputo riconoscerli e quindi non sarebbe più stato possibile cambiare nuovamente classe, e tornare ognuno nella propria. Così Lillo continuò a frequentare la classe di Millo e Millo la classe di Lillo.

Lillo ogni giorno apprendeva cose nuove, diventava sempre più bravo e brillante, mentre Millo non imparava nulla ed era molto preoccupato perché di lì a poco ci sarebbe stata la pagella e i genitori ci tenevano molto che i figli andassero bene a scuola.
Millo provava a impegnarsi, ad ascoltare l'insegnante, ma proprio non ce la faceva, tutta quella confusione lo portava a distrarsi, a viaggiare con la fantasia, a pensare alle cose belle che avrebbe fatto una volta uscito da scuola.

Un giorno, mentre Millo stava guardando fuori dalla finestra assorto nei suoi pensieri, una piccola coccinella, Nella, gli si posò su una zampa; il cagnolino non se ne accorse neppure, preso com'era dai suoi sogni a occhi aperti.

Nella, cercando di attirare la sua attenzione, esclamò: «Ehi tu! Come ti chiami?», il cagnolino, convinto che quella voce facesse parte del suo sogno, non ci fece caso, e allora Nella urlò più forte: «Ehi, tu! Piccolo cagnolino disattento, come ti chiami?». Millo sobbalzò e cercò da dove venisse quella vocetta acuta e stridente, si guardò attorno e a un certo punto, proprio sulla sua zampa, vide un piccolo animaletto tutto rosso con dei minuscoli puntini neri e pensò a quanto fosse strano e buffo.
La coccinella, indispettita dall'atteggiamento di Millo, ripeté ancora una volta la domanda, e finalmente Millo si riscosse dallo stupore e rispose, così cominciarono a chiacchierare.
A un certo punto Millo raccontò alla piccola nuova ami-

ca della sua preoccupazione per la pagella e a Nella venne un'idea: «Senti Millo, forse tu non lo sai, ma io sono un po' magica, se vuoi posso fare un incantesimo grazie al quale potrai stare attento e a imparare anche in mezzo a questa confusione, così alla fine riuscirai a ottenere dei bei voti». Millo rispose entusiasta che era proprio quello che ci voleva, allora la coccinella lo avvertì: «Adesso sentirai un piccolo pizzicotto e subito dopo vedrai che potrai seguire facilmente la lezione».
E così fece, Millo sentì un leggero pizzicorio e subito si sentì diverso: Nella aveva ragione, adesso riusciva finalmente ad ascoltare la maestra che in effetti stava spiegando un sacco di cose utili e interessanti.

Millo era felice e soddisfatto di quella fantastica giornata. A scuola era stato così attento, aveva imparato tutto così bene che era riuscito a prendere un bel voto. Allora decise di andare a cercare la coccinella per ringraziarla, il suo incantesimo lo aveva salvato.
La cercò nel bosco per tutto il giorno, e alla fine la trovò posata su di una foglia a fare uno spuntino, la salutò con calore e le disse: «Ciao Nella! È tutto il giorno che ti cerco perché volevo ringraziarti, sei stata bravissima. Grazie alla tua magia finalmente riesco a seguire le lezioni e ho anche preso un bel voto. La scuola non mi sembra più così male...».
Per tutta risposta, la piccola Nella scoppiò in una fragorosa risata: «Ma quale magia e magia! Non ho fatto nessun incantesimo, era tutto finto; quello che serviva era solo che ti convincessi che avresti potuto farcela e che ti sforzassi un po' di più a stare attento. Finalmente hai capito che andare a scuola può essere entusiasmante e che ce la puoi fare benissimo, e questo senza nessuna magia, te l'assicuro!».

Millo rimase molto stupito dalle parole dell'amica coccinella, ma poi si rese conto che era tutto merito suo se a scuola aveva ottenuto degli ottimi risultati, che c'era riuscito solo con le sue forze, e fu pervaso da una grande gioia.

Finalmente il piccolo cagnolino aveva capito quanto fosse importante studiare e imparare per crescere bene e diventare grandi e fu così che da allora andare a scuola per lui diventò un piacere e mamma e papà furono molto soddisfatti e orgogliosi quando videro la bellissima pagella che portò a casa.
E alla fine dell'anno, quando videro le splendide pagelle di Lillo e Millo, mamma e papà, soddisfatti e orgogliosi dei loro bravissimi cuccioli organizzarono una grande festa a cui invitarono tutti gli amici per festeggiarli.

Le due famiglie di Pippo

TEMI

- La separazione.
- Il senso di colpa del bambino di fronte ai problemi tra genitori.
- La tristezza e la rabbia.
- Il desiderio che la famiglia sia ancora una volta unita.
- La difficoltà di capire e accettare la separazione dei genitori.

OBIETTIVI

- Imparare a capire e ad accettare la separazione dei genitori.
- Imparare a gestire la tristezza e la rabbia, anche con l'aiuto degli altri.
- Imparare ad adattarsi alle situazioni difficili.

SUGGERIMENTI PER ULTERIORI ATTIVITÀ

- Proporre al bambino di impersonificare il protagonista e di inventare un nuovo finale per la fiaba; quindi osservare come si comporta concretamente nelle situazioni in cui si sente arrabbiato e triste.
- Proporre al bambino di disegnare ciò che gli crea tristezza o lo fa arrabbiare e cercare insieme di discuterne per aiutarlo a gestire queste emozioni.

- Se il bambino esprime un livello elevato di tristezza o di rabbia, cercare di aiutarlo rivivendo insieme con lui le situazioni che gli provocano tali emozioni, facendogli capire che, con l'aiuto di un adulto, può imparare a gestirle.

SUGGERIMENTI PER UN APPROFONDIMENTO CON IL BAMBINO

- Chiedere al bambino che cosa gli crei più tristezza o rabbia, come si sente e come reagisce quando è preda di queste emozioni.
- Aiutare il bambino a esprimere le sensazioni che prova quando si sente in colpa e aiutarlo a capire che non è per causa sua che i genitori si sono separati.
- Cercare di far capire al bambino che i genitori continuano a volergli molto bene nonostante ora siano separati.
- Aiutare il bambino a comprendere la separazione dei genitori dicendogli sempre la verità sulla situazione, usando naturalmente parole adatte alla sua età.

Pippo era uno scoiattolino piccolo piccolo, bellissimo, con le sue striature dorate e gli occhietti vispi e felici. Viveva con mamma e papà in una casetta su una quercia enorme, rigogliosa e ricca di ghiande, il cibo preferito di quella serena famigliola.

Da quando Pippo aveva iniziato ad andare a scuola, mamma e papà lo accompagnavano tutti i giorni e lungo tutta la strada lui saltellava felice di fianco a loro, chiedendo il nome di tutte le piante, dei fiori e dei frutti che trovavano sul cammino, perché Pippo era uno scoiattolino curioso e gli piaceva tanto scoprire e imparare sempre cose nuove.

Ma un brutto giorno, il papà lo chiamò e gli disse: «Tesoro mio, mi spiace, ma io non posso più stare qua. Vedi quella bella quercia alta e possente? Bene, andrò a vivere là. È vicina e tu potrai venirmi a trovare quando vorrai!».
Pippo rimase molto sorpreso da quello che il padre gli aveva annunciato. Inizialmente non capì bene quello che stava accadendo, era confuso.
Con il passare dei giorni, Pippo imparò che c'erano dei giorni di sola mamma e dei giorni di solo papà; stava un po' con l'uno e un po' con l'altro, ma non era felice di questa nuova situazione: quando era con la mamma, gli mancava il papà e quando era col papà, gli mancava la mamma.

Inoltre, i genitori non lo accompagnavano più a scuola e lui si era convinto che tutto questo fosse acca-

duto per causa sua. Si ricordava infatti che poco prima che il papà se ne andasse da casa ne aveva combinata una delle sue e i genitori si erano arrabbiati moltissimo. Continuava a ripetere a se stesso: «Sono stato così cattivo che mamma e papà hanno smesso di volermi bene; è per questo che il papà se ne è andato e che vivono separati, solo per questo, perché sono uno scoiattolino cattivo...».
Era così triste e arrabbiato con se stesso che un giorno decise che doveva essere lui a trovare la soluzione di quel problema, doveva trovare il modo di far tornare insieme i suoi genitori. Alla fine, pensa che ti ripensa, concluse che, siccome era lui la causa di tutto, era lui che doveva andarsene. Senza di lui i genitori sarebbero tornati insieme, felici e contenti.
Fu così che una mattina si svegliò così presto che il sole non era ancora spuntato all'orizzonte, raccolse uno zainetto con le cose che gli erano più care e partì.

Camminò per giorni e giorni nel fitto del bosco alla ricerca di un posticino carino dove potersi accampare. Gira e rigira, cerca e ricerca, finalmente Pippo trovò una quercia alta e possente, rigogliosa e ricca di ghiande, che tanto gli ricordava quella in cui aveva vissuto fino a poco tempo prima con mamma e papà.
Si accampò, mise a posto tutte le sue cose, mangiò qualche ghianda per placare i morsi della fame e si appisolò, triste e solo, ma sempre più convinto che quello fosse l'unico modo per far sì che i suoi genitori potessero ritornare a essere felici.
Era talmente stanco per tutto quel camminare che non si accorse di essersi sdraiato proprio sopra a un formicaio che si trovava ai piedi dell'albero. Fu svegliato di soprassalto da

una formichina che gli urlava nelle orecchie: «Ehi, tu! Come ti permetti di rovinare la nostra casa? Chi sei tu per venir qui a fare i tuoi comodi?». Pippo, preso alla sprovvista e intimorito da quella vocina minacciosa, rispose timidamente: «Sono Pippo, scusa formichina, ero così stanco e triste che non mi sono accorto della vostra presenza... Siete così piccole voi formiche...».

La formichina, che in fondo era buona e comprensiva, sentite le parole del piccolo scoiattolino, si preoccupò e chiese come mai era tutto solo nel bosco. Allora Pippo raccontò alla formichina la sua storia: «Sai formichina, sono solo e triste perché mia mamma e mio papà non vivono più insieme per causa mia... sono stato così cattivo che mio papà se ne è andato di casa, allora ho pensato che se invece me ne fossi andato io loro avrebbero potuto tornare a vivere insieme, tornare a essere felici, senza di me».
La formichina, che era abituata a vivere nella grande comunità del formicaio dove tutti sono un po' parenti, ascoltato il racconto di Pippo gli disse: «Caro Pippo, capisco che per te sia difficile accettare che mamma e papà non vivano più insieme nella stessa casa, ma da noi è normale. Sai, di solito, da noi le mamme si occupano dei piccoli e i papà vanno a costruire altri formicai e, nonostante questo, noi siamo una grande famiglia unita e ci vogliamo tutti bene».
Con le sue parole, la piccola formichina fece capire a Pippo che non era colpa sua se i suoi genitori si erano separati, che a volte queste cose succedono, ma che in fondo non è un evento così catastrofico e si può vivere benissimo anche con due famiglie separate. Il piccolo scoiattolino non ne era molto convinto, però decise di riflettere un po' sulle parole della nuova amica.

Nel frattempo mamma e papà scoiattolo si erano molto allarmati per la scomparsa di Pippo, e giravano insieme per il bosco alla sua ricerca, gridando a squarciagola il suo nome. Pippo sentì in lontananza le voci dei genitori e anche lui si mise a gridare per farsi trovare, convinto di aver avuto ragione e che appena lui se n'era andato loro fossero tornati insieme.
Quando finalmente mamma e papà scoiattolo riuscirono a trovare Pippo, il piccolo scoiattolino chiese ai genitori: «Sono contento che siete tornati insieme, ma, ditemi la verità, è perché io non c'ero più, vero?». Ma papà e mamma spiegarono con parole dolci al figlio: «No, tesoro, abbiamo deciso di non vivere più insieme perché non andiamo più d'accordo, ma questo non significa che non continuiamo a volerti un sacco di bene, infatti siamo qui tutti e due proprio perché ti vogliamo bene e, anche se siamo separati, rimaniamo la tua mamma e il tuo papà che, uniti, vogliono dimostrarti tutto il loro amore...».

Finalmente Pippo aveva capito di non essere lui la causa della separazione dei genitori e si sentì felice.
Tornarono a casa tutti insieme e con il tempo il piccolo scoiattolino scoprì che si poteva essere felici anche avendo due famiglie, imparò ad apprezzare di poter vivere in due luoghi diversi e anche i piccoli vantaggi che l'avere due case comportava. Ebbe sempre un sacco di amici oltre a tanti nuovi fratellini con cui giocare e divertirsi, sia nella famiglia di mamma sia in quella di papà.

Indice